U0961926

职场基本功

李文勇◎著

累死你的不是工作 是工作方法

中国经济出版社
CHINA ECONOMIC PUBLISHING HOUSE

图书在版编目（CIP）数据

职场基本功：累死你的不是工作是工作方法 / 李文勇著. -- 北京：中国经济出版社，2024. 1
ISBN 978 - 7 - 5136 - 7498 - 0
Ⅰ. ①职… Ⅱ. ①李… Ⅲ. ①工作方法 - 通俗读物
Ⅳ. ①B026 - 49

中国国家版本馆 CIP 数据核字（2023）第 185691 号

产品经理 张志元
选题策划：雷 生 陈利军
责任编辑 彭 欣
责任印制 马小宾
封面设计 红杉林文化

出版发行 中国经济出版社
印 刷 者 北京柏力行彩印有限公司
经 销 者 各地新华书店
开 本 710mm × 1000mm 1 / 16
印 张 18
字 数 275千字
版 次 2024年1月第1版
印 次 2024年1月第1次
定 价 59.00元
广告经营许可证 京西工商广字第8179号

中国经济出版社 网址 www.economyph. com 社址 北京市东城区安定门外大街58号 邮编 100011
本版图书如存在印装质量问题，请与本社销售中心联系调换（联系电话：010 - 57512564）

序言

如果你没有“几把刷子”，没有一点功夫，是很难在江湖上混出名堂的。可如果只有武功，却没有为人处世的智慧，那你至多是成天喊着“打打杀杀”的莽夫，这样往往容易被人利用（此“利用”并非贬义，而是说被人管理、被人驾驭），终究还是难混出名堂；反之，有些人功夫不算一流，长得不算帅气，却能混得有头有脸。于是，我们不禁要问：他们到底有什么秘诀呢？

其实，混职场也没有什么秘诀，它靠的是基本功扎实。所谓基本功，就是你的综合素质。只要素质过硬，你就如同一粒金子，走到哪里都会发光，走到哪里都会被当成宝。

对于职场人而言，做事应表现为善于作计划，积极去执行，懂得掌控时间，不拖延、不推卸责任、不消极怠工。不但要埋头苦干，还要学会沟通；不但要按时完成工作，还要追求高效率；不但要做好本职工作，还要善于与他人合作。可以说，会做事是职场人最基本的素质。

如果你想通过做事让自己变得出类拔萃，那么务必不断学习，提高自己的工作能力。有人说，当今职场最需要的是“T”型人才。“T”型人才包括两点，一是“T”上面的“—”，它代表了知识的宽度；二是“T”中间的“|”，它代表着知识的深度。两者组合成“T”，代表了在宽泛知识结构中，拥有某一专深的技能。

做人应表现为：待人处事要有良好的心态，以诚待人；重视人际关系的维护，与人为善。要学会把握人性的基本心理，说话做事在不影响自己做人原则的前提下，尽可能给人带去好感。如此，你才会成为一个受欢迎的人，也就是说，人缘好、有人气，这样的人际氛围将会成为你出色工作的推动力。

与自己相处应表现为：正确地处理工作与生活的关系，在两者之间找到平衡点，既不因为工作忽视生活，也不因为生活轻视工作。在工作之余，要有自己的兴趣爱好，比如养成阅读的习惯，适当地运动，保持自我反省，等等。这不但可以让你拥有良好的身体状态，还能让你永远保持正能量。

以上就是本书的宗旨。

职场基本功

目 录

CONTENTS

01 —— 心态：战无不胜的心理状态

02 —— 计划：至诚可以前知

03 —— 行动：让计划不再成为空谈

04 —— 掌控时间：有效地利用分分秒秒

05 —— 整理：把杂乱和拖沓扫除掉

06 —— 效率：把更多的时间花在重要的事情上

07 —— 人际关系：不要忽视任何不起眼的人

08 —— 自我完善：重视八小时之外的生活

01

心态：战无不胜的心理状态

每个人在工作能力上也许都有这样那样的不足，但可以用积极的态度弥补。能勇敢地直面问题，拥有平和的情绪、快乐的心态，能专注目标等，是每个追求事业有成的职场人士不可或缺的基本能力，积极的心态可以让你在工作中战无不胜。

奥普拉的秘密：不要回避必来的工作

集中注意力，每一个抉择都让你有机会铺下自己的人生之路，不断前行。全速前进吧！

——美国著名主持人奥普拉·温弗瑞

身在职场，每个人都会遇到一些自己不愿意做的事情：或是自己不擅长做的事情，或是上司临时给你安排的、本不该你做的事情，或是由于做得不到位，需要返工的事情。面对这些事情，很多人可能会表现出消极应对的态度，或直接回避、拒绝，或假装在做，其实什么问题也没解决。他们天真地认为，这样就可以逃避这些工作的纠缠，但实际上，越是逃避，越是躲着这些工作，受到这些工作的不良影响越大，最后害的仍是自己。

刘悦在一家翻译公司上班。刚进入公司时，她谨言慎行，做事积极，得到了上司的认可之后，顺利通过了试用期。在与公司签下正式合同后，她感觉全身轻松，心想：我是公司的正式员工了，再也不用被那些老员工呼来唤去了。

一天，部门经理拿来一大摞资料，对刘悦说："这是一家美国公司的资料，他们要在自己公司的网站上设置中文版，你把这些资料翻译一下，下班前我就要结果。"刘悦看着那摞厚厚的资料，心中产生了一些抵触情绪，觉得部门经理就是欺负新人，心想："为什么不把这样高强度的工作交给老员工呢？他们的工作效率更高，能更快地完成任务。"但刘悦还是强装笑脸地说："好的，我这就翻译。"

刘悦带着抵触情绪去做事，不自觉地表现出了敷衍的态度，认为只要把上司交代的工作完成就行。结果三下五除二，她很随意地翻译了一通，然后又去做自己的工作了，在下班的时候她把翻译成果交给经理。

第二天，部门经理把刘悦叫到办公室，痛斥她一顿："你翻译的是什么东西？客户看了之后，立即退回来让我们重新翻译，这直接影响了我们公司的形象……"

在职场上，对于不期而至的临时工作，很多人难免会产生一些抵触情绪和回避心理，并在言行中表露出来这种"回避"。最后，这种"回避"会被体现在工作成果中。因为一个人带着消极心态去工作，是不可能把工作做好的。

回避心态就像慢性毒药一样，在短时间内看不出什么危害，却能在不知不觉中，让你在职场中与晋升渐行渐远。首先，你所表现出的抵触情绪，会让上司不满；其次，你在抵触情绪下做得不到位的工作，会让上司更加不满。如此，你会慢慢失去上司的信任和器重，晋升还有什么指望呢？

当然，回避心态造成的最可怕的危害是，它会让你渐渐成为一个懒散、消极的人。首先，回避这些工作，你不一定真能躲得过。如果遇到自己不想做的事情，遇到一些工作上的麻烦，你第一反应是逃避，那么你就失去了直面挑战、提升自我的机会。一次一次地逃避、一次一次地消极，最终会让你错失成功的机会。而积极者绝不这么做，他们会抓住回避不了的工作，从中锻炼自己的能力。

心态决定一切，有什么样的心态，就有什么样的结局。喜欢回避工作的人，其结局往往不怎么好。回避必来的工作真能解决问题吗？回避得了一时，能回避长久吗？你即便每次都能成功而巧妙地回避，也不必高兴，因为你最终会为自己的小聪明埋单。不是吗？那些经常逃避工作的人，往往是在一家公司待不长久的人，他们一次次地回避、一次次地跳槽，跳了几年后，才发现自己一把年纪，什么都不擅长。这样的教训是非常惨痛的。

那么，对于回避不了的工作，我们该怎么对待呢？

1. 直接面对——最省力的方法

在热播一时的《花木兰传奇》电视剧中，有这样一句经典台词："最好的取胜方法就是将胸口直面敌人的刺刀。"虽然职场上没有敌人，也没有刺刀，但你完全可以把那些你不想做的事情、你回避不了的工作视为敌人和刺刀，用积极的心态去面对，把它们解决得一干二净。这样，你会变得越来越优秀，你的职业生涯也会越来越顺利。

比如，你正在忙着本职工作，上司突然交给你一个紧急任务，这时你最好的态度就是"服从"。你可以暂时放下手头的工作，把上司交代的工作完成。上司把这份工作交给你，证明他相信你能做好，你如果把这视为上司对你的器重，就不容易产生抵触情绪了。

2. 主动解决——最敬业的表现

相比直接面对回避不了的问题，主动解决是进一步的提升。主动意味着自发、自动。比如，看见洗手间的灯一直亮着，随手关掉它；看见地上有垃圾，顺手捡起来；看见同事忙不过来，主动伸出援手，问对方是否需要帮助。这些行为表现远远超出了回避不了时才不得不面对的做法，如果你能做到这般积极主动，那么一定会赢得上司的器重，赢得同事的信赖。

小测试：逃避心理测试

1. 与人约会，你会准时赴约吗？
2. 你认为自己可靠吗？
3. 你会因未雨绸缪而储蓄吗？
4. 遇到麻烦时，你会想方设法为自己开脱吗？
5. 你永远将正事列为优先，然后再做其他休闲吗？
6. 收到别人的邮件，你总会在一两天内就回复吗？
7. “既然要做一件事情，那么就要把它做好。”你相信这句话吗？
8. 对于自己不愿意做的事情，你会千方百计地逃避吗？

评分标准：

选择“是”得1分，选择“否”得0分。

分数为“6~8”：你是个非常有责任感的人，你行事谨慎，懂礼貌，为人可靠，并且相当诚实。

分数为“4~6”：大多数情况下，你都很有责任感，只是偶尔有些逃避，没有考虑得很周到。

分数在4分以下：你是个完全不负责任的人，你一次又一次地逃避责任，导致工作经常干不长，手上的钱也总是不够用。

像斯坦福人一样工作：积极规避“心理斜坡”

当这些积压已久的埋怨、愤怒和憎恨像CPU缓存一样被一键清理之后，给生活带来的加速效应让我惊喜到无以复加——久违的快乐、对生活的欣悦全部回来了。一颗心轻舞飞扬。仿佛爱就在自己身上穿梭，而这种神奇的感觉贯穿了日后的整整8年。

——斯坦福心理学家吉姆·丁克奇

黄大姐在擦桌椅，她叫丈夫帮忙移动一把椅子，丈夫却埋头看报纸，纹丝不动。黄大姐火上心头，把抹布往丈夫头上一扔。丈夫被突如其来的抹布惹火了，过来一脚踢翻了垃圾桶……因为一些鸡毛蒜皮的小事突然发火，说话伤人，乱摔东西，这就是“心理斜坡”的最典型表现。

所谓心理斜坡，是指人的感情在外界刺激下产生不同等级的情绪反应时所形成的类似金字塔状的心理斜面。心理斜坡越大，越容易向相反的情绪状态转化。有人把心理斜坡称为“心理摆规律”，即这一刻还兴奋无比，欢快地哼着小曲，过一会儿心理状态就走向了另一个极端，怒火中烧，吹鼻子瞪眼。就像一个钟摆，摆动越强烈地偏往正向的人，心理摆朝着“负”向的挥动力就越大。这就是我们常说的“喜怒无常”。

身在职场，喜怒无常，阴晴不定，动不动就出现“情绪短路”肯定是不行的。我们知道，用电短路会损坏电器，甚至会酿成火灾。情绪短路同样危害不浅，既伤害别人，影响人际关系，也会伤害自己，危害身心健康。

造成一个人喜怒无常的罪魁祸首，往往是缺少必要的情绪管理能力。要想规避喜怒无常，让心理斜坡越来越小，最好的办法就是学会控制自己的情绪，学会调整自己的情绪，而不是任凭自己的情绪为所欲为，消极地让情绪牵着自己的鼻子走。

假如有一天，你在工作中和一位同事发生了一点小的争执，其实这并不是什么严重的事情（但当时你被愤怒的情绪冲昏了头脑，没有冷静下来，根本没有意识到这一点）。对于这样的事情，情绪管理能力不强的人，往往在见到对方对自己横眉冷对、出言不逊时，当即用比对方恶劣 10 倍的态度和言语还击，恨不得一个眼神就将对方“杀死”，一句逞口舌之快的还击就能让对方跪地求饶。

但是，善于管理自己情绪的人不会这么做，他们会深吸一口气，舒缓一下愤怒的内心；或把视线转向窗外，看一看外面的世界，而不是局限于当下的小环境；他们还可能及时抽身而出，离开气氛压抑的环境。这不是懦弱的表现，而是积极规避可能出现的心理斜坡，想方设法让自己恢复理智和平静。

有些职场中的年轻人总认为，隐藏自己的情绪和真实感受是一种虚伪，做人就应该“真实”一点，开心时想笑就笑，不开心时想叫就叫，过自己想要的生活。奉行这种情绪管理法则的人，往往在办公室里哭过、笑过、争吵过、暴跳过，甚至和上司面对面交锋过。然而，这样不但达不到解决问题的目的，反而会被人在背后耻笑情绪控制力低下。

一位擅长情绪管理的客服经理说，如果你和别人吵架，别人越生气，你就越要保持微笑。因为人在生气的时候，语速会不由自主地加快，双方都加快语速去说而不是冷静下来听，矛盾就会愈演愈烈。而如果你保持微笑，慢慢地说话，对方想快都快不起来，这样矛盾就不容易被激化。这话其实很有道理，一个懂得控制自我情绪的人，是不会轻易受到对方情绪影响的；相反，他们会用自己的情绪影响对方，成为情绪对抗中的掌控者。

快乐是可以寻找的，情绪是可以管理的。如果你调整好、管理好自己的情绪，你就是情绪的主人；如果你被情绪牵着鼻子走，你就成了情绪的奴隶。情绪可以决定你的职业命运，决定你的人生幸福，但前提是你要把它掌控好，不让它成为脱缰的野马。

曾经位列全美畅销书排行榜的《情绪智慧》一书，将情商（EQ）与情绪管理画等号。根据一些心理学家的观点，情绪智慧涵盖了这样 4 种能力：觉察自我情绪的能力、妥善管理自己情绪的能力、自我激励的能力、觉察他人情绪的能力。

觉察自我情绪的能力，指的是随时随地地觉察自己的情绪，了解自身的情绪状态；妥善管理自我情绪的能力，指的是具备摆脱焦虑、怒气、灰暗或不安等不良情绪的能力，当情绪低落时，能够很快走出来，坦然地生活；自我激励能力，指的是能够专注自己的目标，善于发挥创造力，懂得克制冲动和延迟满足，并保持高度的热忱；觉察他人情绪的能力，指的是具有同理心，能够站在他人的角度为他人着想。

当一个人具备了以上 4 种能力时，不良的情绪将不再困扰他，他不但能保持平和的心态生活，还能愉快地与人相处，从而获得良好的人际关系。拥有这 4 种能力是每个追求成功的人的渴望，但对于大多数职场人而言，当下最首要的任务是学会如何掌控情绪，积极地规避心理斜坡，让自己成为一个情绪平稳的人。

1. 通过转移注意力冷却愤怒的情绪

遇到不好的事情时，产生不良情绪是正常的，但这并不等于要立刻将不良情绪发泄出来，可以尝试着转移注意力，让自己的不良情绪平复和冷却下来，之后采取建设性的方法解决问题。转移注意力的办法有很多，你可以暂时走开，到外面转一圈；也可以去洗手间洗个脸，照一照镜子；还可以听一听曲调缓和的音乐。如果你的愤怒情绪持续很久还未平复，不妨通过运动疗法，让自己的愤怒随着汗液排出，在运动累了之后，洗个热水澡，呼呼睡一觉，这样你的不良情绪肯定会烟消云散。

2. 适度表达愤怒，宣泄心中的不快

控制情绪并不是让你压抑情绪，而是避免任何过度的情绪反应。情绪控制的本质是以最恰当的方式表达情绪，就如大哲学家亚里士多德所言："任何人都会生气，这没什么难的，但要能适时适所，以适当方式对适当的对象恰如其分地生气，可就难上加难。"所谓适时适所，指的是选择恰当的对象，恰如其分地表达你的不良情绪。

如果你正为某些事情发愁，为工作上的事情感到烦恼，千万不要闷在家里，不妨找三五个朋友聚聚，吃吃饭、聊聊天，闲扯一些生活琐事，听听别人讲的笑话，再笑一笑自己。也许转眼之间，压力就会灰飞烟灭，让你感觉轻松无比。

著名作家保罗·科埃略在小说《我坐在彼德拉河畔，哭泣》中，也讲述了一段类似的自己亲身经历的原谅历程：

"一天清晨，当我从加利福尼亚的死谷向亚利桑那州的图森迈进时，我在心里写下了一份名单——那些所有伤害了我、让我恨之入骨的人。我一个人一边走着，一边在心里挨个地检视着他们。6个小时之后，当我终于到达图森时，我惊诧于自己的灵魂变得如此轻盈，而人生也有了一个惊喜的转变。"

3. 换个角度看待问题，以调控心情

面对同样一件事，懂得情绪管理的人，会从这件事里看到好的一面；不懂得情绪管理的人，会沉迷于这件事造成的潜在困惑中。比如，早上出门时间晚了一些，眼看上班就要迟到了，偏偏路上遇到红灯或前方堵车，越着急心情越不好，心情越不好就越想发火。如果这时转变一下看问题的角度，觉得难得有机会利用等红灯的时间看一看路旁的街景，观察一下匆匆赶路的行人，也许情绪就会平复下来。

再比如，面对失恋的打击，心情沮丧是可以理解的，但有些人认为："对方离开我，是因为我不够好，是因为我一无是处，令人嫌弃。"这样一想，自信心就没了，会更加沮丧。但如果换个角度思考："对方离开我，给了我重新寻找爱情的机会，说不定我能找到更好的对象。"这样一来，对生活就重新有了期盼，心情就容易转好，并能重新振作起来。

所以说，真正使我们产生负面情绪的，并不是外在的事物，而是我们看待问题的角度、选择情绪的能力太糟糕。聪明的人不轻易被外在的事情左右心情，而是聪明地看待问题，用智慧选择情绪——选择好的情绪，规避坏的情绪，让自己保持平稳的情绪状态，让心理斜坡对自己失去破坏力。

小测试：你处于什么心理斜坡？

电梯超重了，如果没有人肯走出电梯，电梯就永远不能运行。有3位乘客，他们分别是提着大包重物并背着巨大旅行包的A，带着4个小孩的B，身材肥胖得令人惊讶的C。到底谁最应该走出电梯呢？

结果分析：

选A：都说你是感性的，但是仔细观察，你似乎却是超乎寻常的理性，喜欢分析事物。那为什么还会有人觉得你很感性呢？因为你总是变来变去，前后不一致。

选B：你很多时候都给人唐突的感觉，事实上，在貌似突然的行动之前你已经经过了考虑与挣扎，你并不是没有大脑的白痴。只是你总是比较向往一种淳朴的生活，对于社会交往感到陌生而无力。

选C：你常常会压抑自己内在的需求，而迎合社会规范。比如，做一个好人、一个好孩子、一个正直的人、一个有爱心的人等。

克林顿：压力大时给自己松松绑

过程越艰辛，结果越甜蜜。

——美国前总统比尔 · 克林顿

现代职场就像一个巨大的高压锅，工作量大，工作节奏快，让身在职场中的人倍感压力。有些人一上班就需要大量的咖啡来维持精力，坐在办公室里感觉腰酸背疼，每天忙着自己的那点事情还感觉力不从心，下班后更是连陪家人散步的力气都没有了。看看如今那么多职场人身体处于亚健康状态，就可以知道他们的身心压力有多大。

32 岁的陈先生是一家公司的业务主管，每个月都要为上级制定的销售任务而打拼，为下属完不成销售目标而担心，为了提高公司的产品销量，他无时不在思考对策。工作压力之大，可想而知。

在生活上，陈先生的压力也不小，每个月有三四千元的房贷压力，还有孩子的抚养费用、父母的赡养支出等，这些压力让他感到身心疲惫，经常晚上很难入睡，即使睡着了也会不停地做梦。

对于自己的精神现状和身心状态，陈先生很想找到调整的办法，可每天马不停蹄地忙碌着，好不容易熬到周末，他想着要好好睡个懒觉。可真到了周末，他又睡不着，因为心里还想着各方面的压力。于是，日复一日、月复一月，陈先生在压力中疲惫地工作着、生活着。

在我们身边，像陈先生这样感到身心疲惫、压力巨大的人还有很多，也许他们只是公司的普通员工，但他们同样有很多压力。现代的压力就像空气一样时刻存在着，如何面对压力、调整身心，每个人都有自己的做法。有些人被动地应对压力，被压得喘不过气来；有些人懂得主动应对压力，采取有效的措施给自己松绑。

主持人崔 ×× 曾经患有严重的抑郁症，每天感到压力重重。后来，他选择以每天走十几千米的运动量来开展“重走长征路”的活动，以解开内心抑郁的疙瘩。在坚持一段时间后，他发现每天晚上不用吃安眠药也能睡得香，饭量也增大了很多。

知名导演张艺谋应对压力时，也有自己的一套办法，那就是换上一双新鞋。如果心情不错，他还会向旧鞋鞠躬说“再见”。他说鞋子就像亲密的朋友，承载了过去的时光记忆，通过这种方式可以宣泄拍戏时的压力，让自己更轻松。

美国前总统克林顿排解压力的办法是随手涂鸦。1993 年 10 月，美国有 18 名士兵被索马里武装分子杀害，克林顿立即召开国家安全小组会议，当工作人员向他汇报情况时，他却在一张纸上胡涂乱画，看似心不在焉，实际上并非如此，这不过是他面对强大危机事件时的一种压力排解方式。

在职场上，每个人都可能扮演多个角色，也可能要扮演自己不愿意扮演的角色，还要接受来自外界的压力考验，比如竞争、裁员、降薪、晋升等。面对形形色色的压力，请及时为自己松松绑，让自己可以经常卸下压力的包袱，轻松前进。下面介绍几种排解压力，给自己松绑的方法。

1. 闲情逸致，陶冶情操

高尚美好的情操就像心灵鸡汤，可以帮现代人提高心理免疫力，增加对抗压力的能力。你可以在忙碌的工作之余，花些时间感受一些闲情逸致，比如到公园里看人下棋，也可以约上棋友对弈一局，当然还可以在网上和网友下；找几个人打打牌、玩玩麻将，娱乐娱乐；拿起画笔，到户外写生；约上一两个好友，背上渔具外出钓鱼；叫上三五个朋友，去 KTV 唱歌；等等。只要是你感兴趣的活动，都不妨去体验一下，让你暂时从工作的压力中解脱出来，专注闲情逸致带来的轻松和快乐。

2. 回归单纯，找点笑料

有位外企高管说，他在压力大时喜欢放声大笑，因为在放声大笑时，人的心脏、肺部、背部及躯干都能得到锻炼，胳膊和腿部肌肉也会受到刺激。大笑之后，人的血压下降、心率放慢，肌肉的紧张感也会降低，整个人都会处于放松的状态。

大笑能让人释放压力，让紧张的身心轻松起来，著名的节目主持人杨澜就喜欢用这种办法给自己松绑。她极力推荐“孩童减压法”，即在压力大时，回归单纯、回归童真，把自己想象成一个孩子，找一个恰当的环境，该哭就哭、该笑就笑。还可以和孩子一起看动画片，和孩子一起傻乐。笑过之后，压力就会不见踪影。

3. 练习瑜伽，腹式呼吸

瑜伽是一种放松身心、排解压力、锻炼身体的健康运动。在瑜伽练习中，通过舒缓的腹式呼吸法，可以舒缓紧张的情绪，排解内心的压力。因为人一旦情绪紧张，就会心跳加快，呼吸变得短促。而采取腹式呼吸法，通过调整呼吸的节奏，放慢心跳的速率，可以让人平静下来。

腹式呼吸法很简单：先缓慢地通过鼻孔吸气，鼓起腹部，随即慢慢扩大肋腔。接着以慢于吸气时的速度从鼻孔呼气，同时心中默念“放松、全身放松”。通过积极的心理暗示，达到精神上的放松。

如果你的睡眠质量不好，难以入睡，那么在睡觉之前，不妨泡一个热水澡，静静地躺在浴缸里，闭上眼睛冥想，让自己的身体轻轻浮在水中，让压力在温水的浸泡下消散。之后，坐在床上或躺下，也可以通过腹式呼吸让精神放松，在冥想中让自己的身心得以放松，这样睡意也会越来越浓。一觉醒来之后，你会感到压力小了很多。

小训练：想象放松法

放松方法：让自己处于安静、不受干扰的环境，把眼睛闭上想象……

想象你面对着一片宽阔无垠的海洋，看着平静的海面，你躺在沙滩上，倾听海水轻拍岸边的声音……

想象你来到一片绿草如茵的草地，草坪厚厚的、软软的，你躺了下来，微风拂过你的身体，你闻到了泥土和花草的气息……

想象你来到一处静谧的树林，周围很安静，只有微风轻拂树叶的沙沙声……或蓝天、白云，或绿草、野花，或清风、虫鸣，任由你去想象，想象一切让你舒服的场景。等你从想象中获得满足感之后，你会彻底清醒。醒来后，你会感觉精力旺盛，心情舒畅，对工作又充满了信心。

李健熙：适当放慢你的脚步

总是受阻就意味着该停下，停下后再重整旗鼓吧。

——前韩国三星集团会长李健熙

请停下手头的工作，坐下来回忆一下：过去的这些天、这些年，你过得有多着急。你是不是每天早上还在睡意蒙胧中就被闹钟吵醒，然后随手关掉闹钟，继续睡 5 分钟？出门的时候，外套还没穿好，就急急忙忙提着包包下楼？在路边随便买点包子或油条，一边走一边往嘴里塞？车来了，你狂奔过去，生怕因错过这辆车而迟到？走到公司楼下，眼看就要迟到了，于是只能快马加鞭地往公司赶？

看一看，我们这一天有多么着急！如果你在北京、上海、广州等大城市工作，这样的场景每天都能看得到，甚至你也会这样着急。着急的不仅是奔上公交车、挤进地铁车厢，还有在公司的表现。我们害怕表现不好，哪一天成为公司裁员名单中的一员；害怕无法证明自己，被激烈的职场竞争环境压垮。我们着急着创造业绩，着急着加薪，着急着升职。

原本以为下班后可以放松，可以和家人慢慢享受晚餐，陪孩子看看动画片，陪父母唠唠嗑，可以找朋友喝茶、闲聊，可以看看书、听听音乐。可是，回到家里又要着急着做饭，着急着孩子写作业。吃完饭后，很多人又着急着玩手机，聊微信、刷微博。很多职场人就是这样着急，他们在着急中变得越来越浮躁，越来越疲惫，越来越找不到方向。

有一则小故事，讲的是一位在美国奋斗多年的华人，经过艰苦的打拼，终于用自己的血汗钱买了一栋豪宅，可是他没时间打理，就雇用了一位当地的妇女打理房子。他每天早出晚归，拼命工作赚钱，女佣却在豪宅里享受着音乐和美食，在花园里修剪花草和散步，在健身房里锻炼，在游泳池里游泳。

这个故事讽刺的是主人的可悲，他似乎在为别人提供美好的生活，而他拼命究竟是为了什么呢？这不正是没有方向的拼搏吗？很多人一生都在忙忙碌碌，到头来却不知道在忙些什么。这样的人生是何其悲哀！所谓的名利、金钱，到头来不过是一场空。拼搏、奋斗是应该的，但真有必要这样见缝插针地“拼命”吗？是不是只有等到身体发出“危险”警报时，才幡然醒悟应该放慢脚步呢？

小童大学毕业后，很幸运地进入一家世界500强公司，在那里他一待就是6年，从最初的普通职员做到了品牌经理，收入翻了几倍。但随着职位的升高，工作压力也越来越大，每天忙得晕头转向，有时候午休时间都要加班完成任务，偶尔去便利店买东西，也会被老板打电话催促着回来。这一切都让小童感到十分痛苦。

随着公司搬迁，小童每天花在路上的时间也变长了，而且几乎每天下班都要加班到七八点，回到家里已经差不多10点了，身心疲惫的他恨不得倒头就睡，真正属于自己的时间几乎没有。虽然与同学相比，他的工作体面而且薪水高，但他非常怀念刚入职场时的日子，那时候周末可以陪家人吃饭，可以去郊外看看蓝天白云。在他看来，那才是真正的生活。

可是，迫于现实的压力，小童强忍着在工作上坚持，慢慢地，他的身体状况越来越差，直到有一天检查发现自己的身体出现严重问题时，才毅然决然地辞职离开。在身体恢复之后，他在离家不远的地方找了一份工资水平中等的工作，一份悠闲、可以兼顾生活的工作，这让他在工作的同时，拥有享受生活的时间，他感到很快乐。

放慢你的匆匆脚步吧，等一等你的灵魂，只有当你慢下来时，你才看得清楚自己在干什么，才想得明白自己要什么。放慢脚步不是拖延、不是懒散、不是消极应对，而是为了沉淀一下浮躁的心灵，为了能够更好地走接下来的路。

1. 规划好时间，让自己可以从容应对

为什么很多人像无头苍蝇一样忙碌，而且忙不出高效率，忙得手忙脚乱的，还经常把事情办砸？其实很重要的一个原因是忙得没有规划、忙得太被动。如果能静下来，把每天的时间规划一下，把每天的工作列出来，然后计划好在某一时段做什么，并全力以赴地做，那么工作就会有条不紊地开展，也就不会忙得那么狼狈了。

比如，按照你与公司的距离和上班所花费的时间，计算出你出门的时间，并由此往前推，定好起床的时间。为了避免起床慌忙，出门着急，你最好把起床时间定得早10分钟、20分钟，这样你就不必火急火燎地匆匆赶路，完全可以从容地迈开脚步。

来到公司，先计划一下当天的工作，给自己定一个合适的日工作目标，并朝着这个目标努力。到了中午，该吃饭时吃饭，吃完饭该午休时午休。记住，千万别贪“便宜”，认为中午可以做一些工作，而放弃午休。因为这样做往往会让你因小失大，你整个下午都可能昏昏欲睡，工作效率骤降。

很多年轻人说："我没有午休的习惯，我下午不犯困。"也许个别人确实有这个优点，但对于大多数人来说，午休时不午休，对下午的精神状态有着直接影响。俗话说："磨刀不误砍柴工。"如果午休质量好，下午工作起来注意力就容易集中，工作往往事半功倍。

事实上，午休不仅是为了保证下午的工作效率，还是为了保护自己的身体。国外有研究证明，在一些习惯午休的国家和地区，其冠心病的发病率要比不午睡的国家和地区低得多，这是因为午休能使人心血管系统得以舒缓，使人体紧张感降低。德国、日本非常重视午休，德国甚至将午睡写进法律，由政府强制推行。可见，午休对身体健康的重要性。所以，不论你的工作有多忙，都应该保持午休的习惯。午休就是途中小憩，可以让你聚集能量，在接下去的路途上走得更轻松、更从容。

2. 丰富一下生活，不让自己成为工作狂

除了工作，还有生活。在工作之余，你完全可以做一些生活化的事情，让人生更丰富多彩。比如，去当地的菜市场买些蔬菜水果，回到家里，做一顿可口的饭菜，和家人享受美味的晚餐。吃完饭后，陪家人去外面散散步，在散步的过程中，闲聊生活趣事。这样既能拉近家人之间的感情，又可以舒缓工作中产生的压力和烦恼。

你还可以买几本自己感兴趣的书籍，每天在睡觉之前阅读几页，这样可以扩大你的知识面，让你在与朋友、同事聊天时有更多的谈资，还能给孩子做个阅读的榜样。当然，你还可以和孩子做做游戏，和孩子疯一疯、闹一闹，让所有的工作压力都在你们的疯闹中散去。

3. 放慢脚步，欣赏一下沿途的风景

走路的时候，你会观察路边的街景吗？很多人不会，因为大家觉得街景那么平常，没什么好看的。其实，只要你愿意停下来欣赏，哪里都有风景。苏格拉底曾与人相约去爬山。那人一路赶来气喘吁吁，而苏格拉底不急不缓，

姗姗来迟。苏格拉底问那人：“你来的时候看见路旁有什么了吗？”那人说：“我不清楚，我只顾着向前。”苏格拉底拍拍身上的尘土，娓娓道来：“那真是太遗憾了，我已经欣赏完沿途的风景了。”

苏格拉底的话看似平常，却告诉了我们一个道理：当你朝目标奋进时，别忘了适时放慢脚步去欣赏路边的风景，或许你可以发现一番“惊喜”。比如，开车去某地的途中，发现路边的风景不错，找个合适的地方停车看看风景，拍几张照片，这样避免了匆匆赶路带来的疲惫感，可以让自己身心更加舒畅地继续下面的路程。

职场忠告：

如果你只是为了忙碌而认真，只想用忙碌证明自己的存在，却从来不懂得在忙碌之余停下脚步，看看你周围的绿地，感受窗外和煦的阳光，那你将错过生命中美好的东西。

迪士尼员工：接受工作带给你的全部

跟着我，你会得到一份世界上最好的工作。

——迪士尼招聘口号

在迪士尼没有顾客，只有客人。一名员工这样说道：

“在迪士尼，员工在公园里经常被小朋友问这样的问题：‘公园里有几只米老鼠？’问问题的小朋友也许在早上刚进公园时遇到一只米老鼠，和米老鼠合影了；中午这位小朋友到公园的另外一个区用餐时又遇到了一只米老鼠；也许还会在另外一处再遇到一只。我们的答案是什么呢？3只，或者更多？正确的答案是：‘一只米老鼠，他跑到这吃奶酪来了。’这是我非常喜欢的一句‘真实的谎言’。我们知道在所有的小朋友心目中，米老鼠只有一只，那是他们心中的英雄、偶像，而这个偶像只有一个。如果我们给小朋友的答案是2只，或者说3只，那这位小朋友会怎么想，他会认为他见到的米老鼠一定有一只或者全都是假的，甚至会让他想到，公园里的白雪公主、小矮人等都是假的。如果是这样，他的迪士尼之旅会是很失望的，他游玩的激情和乐趣会被大打折扣，我们为此所做的各种表演、道具、环境、气氛营造等努力都将付诸东流。”

迪士尼训练员工观察每一位顾客，以便根据不同顾客对欢乐的不同感受，主动提供相应的服务，这需要超常的观察力和耐心。当课程结束时，教师对员工说：“你们即将走上舞台，记住神奇的迪士尼，创造并分享神奇的一刻，每天的迪士尼都不一样，不一样的天气、不一样的观众，但迪士尼的服务及演艺水准始终是一样的。”在迪士尼上岗被称为“在舞台上”，员工被称为“Cast Member”。

在这个世界上，不管你从事的是什么工作，背后都要付出相应的努力。体力劳动者有体力劳动的痛苦，比如工作环境不佳，工作时弄得衣服较脏；在明净办公室里工作的白领也有自己的烦恼，比如要忙于协调各种矛盾，要应付同事之间的竞争和上司对自己工作的挑剔；位高权重的企业管理者也有他们的难处，比如要承担企业经营和管理的重任，还要想办法在激烈的市场竞争中争取更大的赢利。

也许很多人只看到了别人表面上的光彩，却看不到别人背地里付出的艰辛。比如，看到体力劳动者下班就可以轻松自在地休息，不用背负工作上的压力，于是羡慕他们工作那么快乐，却不知体力劳动者承受的辛苦；看到职场白领每天穿得光鲜亮丽，每月拿着高收入，于是羡慕他们工作体面，却看不到他们背负的工作压力；看到企业管理者有权有势，说话一言九鼎，于是羡慕他们的威严和风光，却看不到他们每天要熬夜到凌晨，只为制定一个企业运营方案。

既然工作，就要接受工作的全部，而不只是拿着工作带给你的薪水，享受着工作中的快乐，却拒绝承担工作带给你的压力，不想履行自己的工作职责，还抱怨工作苦、工作累。这样绝不是敬业的表现，也不可能在工作中取得好成绩，更无法在工作中进一步提高自己的工作能力。

试想一下，一名销售员拿着工资，却抱怨客户难对付，他能创下优秀的业绩吗？一名律师拿着客户给他的报酬，却抱怨客户的案件太难，他能为客户解决实际问题吗？一名普通的职场员工，拿着公司付给他的薪水，却随便敷衍一下公司交给他的工作任务，他能赢得上司的信赖吗？他的晋升还有望吗？

那些在求职时要求高薪、高待遇，在工作中却不愿意接受工作所带来辛苦的人；那些在工作忙碌时抱怨不停，在工作不忙时上网玩游戏的人；那些拿着高待遇，却抱怨工作难做、客户难伺候的人，都要记住一句话：接受工作带给你的全部，而不只是接受工作带给你的种种“好”，回避工作带给你的种种“不好”。

不可否认，人都有趋利避害、避重就轻的天性，若让大家下楼搬东西，多数人都会拣轻巧的东西拿。这种现象实属正常，对于自己的本职工作，以及这份工作带来的苦累、烦恼、压力等，我们也应该勇敢地承担下来，并且应该毫不抱怨地做好，这才是一个负责任的员工应该做的。

1. 拿着公司支付给你的工资，就应该做好相应的事

当你抱怨工作的时候，请问自己一个问题：“公司聘用我是干吗的？难道是让我白白领工资，而不用做事吗？”当然不是，公司聘用你是因为你的能力能够胜任某个职位的工作，可以为公司创造效益，你如果没有相应的能力，也不可能进到公司里，连抱怨这份工作的机会都没有。既然你来了，而且领着公司每月发给你的工资，你就应该“在其位谋其政”，努力做好本职的工作，为公司创造相应的效益。

2. 享受工作带来的快乐，就要承担工作带来的痛苦

有人说 IT 工作者工资高，但他们的高工资不是白拿的，而是承担了工作带来的痛苦，比如漫漫无期的加班，高强度的研发工作；有人说销售人员工作时间自由，可以不固定上班时间，不用来坐班，想干吗就干吗，但他们的自由是有条件的，那就是每个月都要有相应的业绩，当他们苦苦思索如何获得业绩时，那种痛苦和煎熬你是否想过呢？

你不能拿着高收入，却抱怨加班痛苦；也不能享受着销售人员的闲散，却因为业绩不好而抱怨工资低；更不能拿着 IT 工作者的高收入，却幻想享受销售人员的自由与闲散。世界上没有人能享受到权利，却不用尽义务；也没有人可以不尽义务，却可以享受至高无上的权利。任何事物都有两面性，每一份工作也有它的好与不好，既然你享受到了它的好，就相应地要接受它的不好，这才是公平合理的。所以，请接受工作带给你的全部。

小测试：你工作快乐吗？

根据你的实际情况，回答相应的问题，每道题有 3 个选项：A，是这样；B，有时这样；C，从不这样。

你的家人是否盼望你在工作结束后回到家中？

你是否很喜欢向家人讲述工作中发生的有趣的事？

你的家人是否理解并喜欢你所从事的工作？

你的家人是否对你所做的工作感兴趣？

你的家人是否多数愿意从事你所从事的工作？

你的家人会认为你热爱自己的工作吗？

你的家人是否认为你的工作对社会有益？

你的家人是否不必担心你工作的安全性？

你的家人是否会说家庭和工作对你同等重要？

评分标准：

如果选择 A 的选项多于 7 个（含 7 个），说明你的工作是快乐的。

如果选择 A 多于 4 个（含 4 个），说明你的工作快乐感一般。

如果选 A 少于 4 个，说明你工作不快乐。

乔布斯：专注你最重要的目标

这就是我的秘诀——专注和简单。简单比复杂更难：你必须费尽心思，让你的思想更单纯，让你的产品更简单。但是这么做最后很有价值，因为一旦实现了目标，你就可以撼动大山。

——苹果公司创始人史蒂夫·乔布斯

在很多人心中，乔布斯就是苹果的代名词，苹果就是乔布斯的化身。如果你认真解读并且研究过拥有乔布斯灵魂的苹果，你就会明白——苹果的核心不是“创新”，而是“专注”，至于最后得到的创新，那只是因为专注到人迹罕至的地步。

人的精力是有限的，如果你什么都做，往往什么都做不好。若是把精力分散到多个目标上，每一个目标就只是浅尝辄止，这样是很难取得成就的。成功的捷径在于发现自己的长处，找到自己的优势，并将这些聚焦到你最重要的目标上。

专注是一种品质，但在乔布斯看来，这还是一种能力，更是一种心态。“决定不做什么跟决定做什么同样重要。”乔布斯这样说，“对公司来说是这样，对产品来说也是这样。”当乔布斯不想被自己认为不重要的事情分散注意力时，他会完全忽略它们，就好像这些事情完全没有发生一样。

在乔布斯病重期间，他曾接待谷歌创始人拉里·佩奇。在交谈中，乔布斯非常直接地告诉他：“现在谷歌的摊子铺得太大了，到处都是，应该只专注重要的5个目标，把其他的项目都扔掉，否则它们会拖谷歌的后腿，把谷歌变成微软（也许在乔布斯看来，微软就是因为摊子铺得太大，才被苹果超越的）。”

乔布斯说：“拥有专注力将改变你的人生。人们认为专注就是要对自己所专注的东西说yes，但恰恰相反，专注意味着要对上百个好点子说no，因为我们要仔细挑选。这就是我的秘诀——专注和简单。简单比复杂更难：你必须费尽心思，让你的思想更单纯，让你的产品更简单。但是，这么做最后很有价值，因为一旦实现了目标，你就可以撼动大山。”

1. 砍掉不重要的目标，留下最重要的

很多年轻人刚入职场时，心中充满了远大的抱负，给自己列了许多目标，可是过不了多少时日，却在职场的打磨中变得疲于应付，甘于平庸。事实上，目标不明确、不单一，就很难实现。

法国作家莫泊桑很小的时候就表现出出众的文学才能，他的舅父带他去拜访福楼拜，想推荐福楼拜做莫泊桑的文学导师。可莫泊桑年轻气盛，见了福楼拜后竟然问：“你究竟会些什么？”

福楼拜没有回答，而是反问莫泊桑：“你会些什么？”

莫泊桑得意地说："我什么都会，只要你知道的，我就会。"

福楼拜很平和地说："那好，你先告诉我你每天的学习情况！"

莫泊桑很自信地说："我每天上午用两个小时读书写作，用两个小时弹钢琴；下午用一个小时向邻居学习修理汽车，用三个小时练习踢足球；晚上，我会去烧烤店学习怎样制作烧鹅；星期天则去乡下种菜。"

说完后，莫泊桑很得意地反问："福楼拜先生，您每天的工作情况是怎样的呢？"

福楼拜笑了笑说："我每天上午用四个小时读书写作，下午用四个小时读书写作，晚上我还会用四个小时读书写作。"

莫泊桑不解地问："你只会写作，不会别的吗？"

福楼拜没有回答，而是继续问："你究竟有什么特长，比如哪方面的事情你做得特别好？"

这下莫泊桑回答不出来，于是问福楼拜："那么您的特长又是什么呢？"

福楼拜很自信地说："写作。"

通过这段对话，福楼拜让莫泊桑认识到了专注的重要性。

做得多、会得多，并不值得骄傲，有自己最具竞争力的特长和优势才值得骄傲。俗话说："一招鲜，吃遍天。"所以，把你那些不重要的目标砍掉吧，留下最重要的目标，这个目标或许与你的兴趣有关，或许与你的特长有关，或许与你的专业有关。

2. 将有限的精力聚焦最重要的目标

太阳照耀大地，光线分散开来，如果你用一面凸透镜将阳光聚焦于一点照在一张纸上，不用多长时间，那张纸就会燃烧起来。为什么？因为凸透镜能聚光、聚热，最终光和热转化为炽热的能量，变成了一团火。成功不就是这样吗？需要聚焦、需要专注。

继续回到莫泊桑身上，他拜福楼拜为文学导师之后，福楼拜一开始并没有教他如何写作，而是让他去大街上观察来来往往的马车、观察驾车的车夫。

选择其中一位作为目标，每天盯着他观察。福楼拜对莫泊桑说："如果有一天你能把这个车夫描述得和其他车夫不一样，那你的写作就过关了。"

有一个说书人，在接受电视采访时，主持人问他："你的眼睛为什么特别亮？特别有神韵？"说书人说："这是练出来的，每天晚上我都会在黑暗中点上一炷香，然后盯着那炷香看。几年下来，我的眼睛就变成这样了。"

将有限的精力聚焦到最重要的目标上，一遍一遍地重复。如果你愿意这么做、坚持这么做，也许你就是下一个莫泊桑。

3. 保持耐心，因为专注的效果最初并不明显

过早放弃的浮躁心态，是专注的大敌。

一位著名的成功大师被邀请到一个会场演讲，主题是——我的成功秘诀。当大幕徐徐拉开时，舞台正中央悬挂着一个巨大的铁球。

大师对观众说："请两位身强力壮的男士上来，用大铁锤敲打大铁球，直到大铁球震荡起来。"很快就有两名年轻人自告奋勇，冲上舞台，拿起铁锤敲打铁球。可是震耳的响声过后，铁球纹丝不动，继续敲打，铁球依然纹丝不动，因为铁球实在太大了。台下的人呐喊声不断，两名年轻人敲了几下，就累得没力气了。

这时大师从口袋里掏出一个小锤子，对着铁球敲打起来，一下、两下……他敲得很有节奏，敲得很漫不经心，敲得很有耐心。10 分钟过去了，铁球依然纹丝不动；20 分钟过去了，会场开始骚动不安，有的人开始抱怨、叫骂，甚至愤然离去。突然，前排的观众尖叫道："铁球动了。"刹那间，众人的目光聚集了过来，果然铁球在慢慢地晃动。大师继续敲打，铁球越晃越快、越荡越高。

简单的事情重复做，就会产生积累效应。小锤每一次敲打，都是一点能量，能量集聚得多，就会产生撼动天地的力量。

专注力训练——格舒尔特表

在一张有25个小方格的表中，将1~25的数字打乱顺序，填写在里面（如下图），然后以最快的速度从1数到25，要边读边指出，同时计时。科学研究，正常成年人完成这一点击的速度在15 ~ 25秒，而未成年人在35~50秒。你会是多少呢？

1	23	11	2	7
18	22	9	3	24
6	10	15	8	13
12	17	19	14	16
25	4	21	5	20

02

计划：至诚可以前知

上战场之前，要制订作战战略和计划，可以保证有的放矢、有条不紊。有计划的工作才是真正的工作。

贝多芬：随时记录下你的待办事项

如果我不马上写下来的话，我很快就会忘得一干二净。如果我把它们写到小本子上，我就永远不会忘记了，也用不着再看一眼。

——贝多芬

研究发现，人一次能够处理和把握的信息数量在“7–2”和“7+2”之间，也就是说，人一次最多能处理 9 件事。虽然人与人的能力有一定的差异，但大体上同一时间能够处理的事情都是 5~9 件，这个数字被称为“魔法数字”，这意味着绝大多数人难以超越这个范围。

在工作中，有时候我们短时间内要处理 10 件以上的事情，有些管理者会向下属传达很多指令，其实这些都是徒劳的，很难被他们完全记住，更别说全部做好了。怎样才能安排好自己的事情？怎样才能记住上司交代的工作呢？其实最好的办法只有一个，就是“好记性不如烂笔头”，拿出笔和笔记本，把待办的事情都记录下来，然后一件事接一件事地做，直到全部做完，这才是最有计划、最高效的工作方式。

事实上，每个人都有计划，但很多人的计划在心里，而不是在纸上。计划在心里，就很容易随着心情和客观事情的变化而变化。因为计划在心里，谁也看不见、听不着，即使你没有去做，也不会受到自己的批评，更不会受到周围人无声的“批评”。但如果你把计划写在纸上，甚至有意让人看见，让别人知道你的计划，一旦你没有做，就会或多或少有一些惭愧呢？

当你把待办的事项写在笔记本上，列出一个工作清单时，实际上等于给自己许下了一个承诺。如果你完不成所记录的待办事项，当你翻开笔记本时，就会有一种“失败感”，因为你没有说到做到，你对自己失信了。你应该充分利用这种“自我愧疚感”来督促随时记录待办的事项，并像兑现承诺一样逐一完成这些待办事项。

待办事项清单就是一个手工制作的短期计划，它是你未来几个小时、几天或几周的一个简单计划。它的存在可以帮你更好地确定什么是你要做的事情，只要你认真对待它，按照它来行动，就可以有条不紊地达到目的。那么，到底该怎样列出待办事项的清单呢？

1. 什么时间列清单？——每天清晨或前一天晚上

什么时候列待办事项的清单呢？毫无疑问，是在这些事情还未被处理之前，比如每天上班，来到公司第一件事就是把这一天的工作梳理一下，然后提取这一天要做的事情，并将其按照一定的顺序记录下来。这样你的时间管理会变得更有效率。

假如你是公司的管理者或是老板，在开会前 10 分钟时，你也很有必要列个会议清单，记录会议的要点，就像发言提纲一样，让你知道这个会议该讲什么内容。如果没有这个清单，你完全凭自己的记忆，效果就会差很多。你可能讲着讲着就跑题了，比如被员工问一个问题，你的思路就被打乱了，然后跟着员工的问题讲到别的问题上，偏离了自己的会议主题。这样就达不到你开会的理想目的。

2. 如何表达待办事项清单？——准确地写出做什么事

在记录待办事项时，怎么表达更好呢？最好是把你的任务写成这样的形式："对某目标做什么事！"举个例子，如果你要做一个年度报告，在你的待办事项里不要这么记录：年度报告。而要更准确地记录：找出公司 4 个季度的财务报表，做一个年度报告。不要写成：与黄经理联系。而要写成：周一下午 3 点到 4 点，给黄先生打电话。也就是，尽可能用一句话把你要做的事情说得更具体，让你一看就知道怎么做。

3. 怎样处理不确定的工作？——删出清单

在列清单的时候，你可能会遇到这种情况：某些事情似乎要做，但又可以不做，或者说不那么着急，可以推后很多天再做。对于这样的事情，你该怎么办呢？很好办，那就是把它剔出你的待办事项清单，让你的清单里出现的是未来一周，甚至是未来两三天或当天必须做的事情，当你翻看这样的清单时，才会有一种紧迫感。

4. 如何处理临时加入的工作？——选择恰当的位置插到清单里

待办事项清单只是一个计划，一个较为理想化的计划，它指向的是未来，而未来是很容易变化的。比如，昨天晚上你列了一个待办事项清单，今天上班你本打算按照这个清单处理工作。可是没过一会儿，上司给你安排了一项工作，而且比较紧急。有时候还不止一项工作，比如同事突然叫你帮个什么忙。对于这些计划之外的工作，该怎么处理呢？

正确的做法是，对照你列好的工作清单，结合临时事件的重要性和紧急性，将其加入你的清单里。然后，按照工作清单逐一处理。

5. 怎么样对待工作清单？利用闲暇时间翻看，提醒自己去做未完的事项

将待办事项记录下来，是为了更好地记住这些事情，并知道什么时候去完成这些事情。因此，既然列出来了，就要时不时翻看一下，切不可列完之后丢在一边不管，那样工作清单就发挥不了作用了。

6. 看看你的待办事项清单是否合理？——剖析待办事项清单

待办事项清单是否合理，需要看它是否具备这样几个特点：

（1）具有可操作性，是可行的。

（2）规定了完成的时限。

（3）指向一个清晰的目标。

对照这三点，看看你的待办事项清单是否存在一些问题呢？如果它符合这些条件，那么恭喜你，你的待办事项清单是合理有效的，你可以放心地照着清单去做了。

小练习：待办事项记录练习

无论是对待工作，还是对待生活，你都可以运用列清单的方法让自己保持计划。你可以试试列个清单，就像下面这样：

2023 年 5 月 15 日待办事项清单

上午：

1. 换掉浴室的水龙头。

2. 把房间打扫干净。

3. 把家里换季的衣服丢进洗衣机洗干净。

下午：

4. 下午 2 点和朋友逛街。

5. 买一条鱼回来，晚上烧鱼吃，做一顿美味大餐。

麦肯锡人：每天绘制一张工作图表

这些图表中提供的信息有力地支持了标题，而标题反过来又补充了图表所论述的内容。在这种情况下，信息出现在图表中要比放在列表中更好。

——麦肯锡工作表制度

在麦肯锡工作，经常会碰到这样的情况：

早上9点你匆匆忙忙来到公司，把昨天未完成的工作收一下尾；10点跑去拜访客户；11点回到公司，工作一会儿，再和同事们一起吃一顿快餐。接下来，也许是拜访更多的客户，或参加团队的小结会，一天就这样结束了。

事实上，类似的工作情况每个职场人都会遇到，甚至每天都可能遇到。

事情是如此多，工作又是千头万绪，于是有人开始抱怨了："天啊！时间过得真快""每天总是忙碌而凌乱，搞得我晕头转向，真不知道怎么办才好""这件事不急，我可以留待明天再做""真是抱歉，我延迟了一点"。

其实，每个人拥有的时间既不比别人多，也不比别人少，唯一不同的是高效能的人懂得合理地计划、合理地利用时间，而且还会努力地争取时间。试问，你能讲出每一个小时里你都做了些什么吗？其中有多少时间是在做有意义的事呢？更重要的是，因为不合理地安排工作，你又浪费了多少时间呢？

为了避免类似的困扰，麦肯锡人的工作经验是，每天绘制一张表格，让表格帮助他们安排每天的事项。麦肯锡人表示，只要你养成绘制表格的习惯，表格就自然会帮你安排工作，让你每一天都在有条不紊中度过。

究竟是怎样的表格如此神奇呢？其实，这种表格没什么特别之处，就是我们平常随手拿笔画几条横竖线，构造一个表格，并按照一定的顺序在表格里填上各项事务的完成时间。

1. 怎样绘制工作表格

你可以在每天结束时，花 10 分钟的时间，先问自己："今天我做了哪几件重要的事？"然后，把它们记录在一个手工绘制的表格里，如下图所示：

工作内容	进展情况（完成了吗？完成得怎么样？）
写一个策划案	已经搞定
准备一个演讲	已经搞定
……	已经入手，还要花大概两个小时才能完成，明天继续

这种手工绘制的表格没什么奇特的，整齐不整齐不重要，重要的是把事情描述清楚。如果事实不容易制成表格，就把要点写下来，把它张贴在你的记事本里。随后，想一想明天的工作计划，并以表格的形式把它记录下来，指导你明天的工作。

事实上，随手绘制一张简单的图表并不需要多大的精力，真正难的是图表所包含的内容。通过制作图表，你可以找到通向高效工作距离最近的路，从而减少一些不必要的时间浪费和精力损耗，提高工作的效率。图表呈现出来的信息既是你对未来的预览，也是你对现在的掌握。

麦肯锡人的实践经验表明，图表只是一个用来传递和表达信息的工具，千万别把它当成一个艺术品慢慢地描绘，更不要用水彩笔添加吸引人的颜色。图表越复杂，传递信息的效果往往越差，最好的图表所表达的信息应该是一目了然的。

2. 工作表格的作用

每天绘制一张工作图表，对你的帮助是非常大的，但前提是你要做到持之以恒。如果你某一天心血来潮画一张图表，幻想这张图表能给你的工作带来多大的帮助，那是不现实的。坚持一个月，再看看图表的威力吧，你会发现效果是你意想不到的。

首先，工作图表可以调动你的积极性。每天绘制一张图表，可以使你对自己的工作目标更清晰。当一天的工作结束时，拿起当天的工作图表审视一番，可以发现哪些工作完成了，哪些工作没有完成，哪些工作还可以做得更好，从而使你清楚地看到自己下一步要努力的地方。

其次，工作图表可以帮你记住每天需要做哪些事情。因为人不可能总记得自己需要做的事，大多数人往往是记住了今天的事，忘记了明天的事，总是被眼前繁多的事情弄得焦头烂额。很多事情并不是一次性或一天就能搞定的，需要不断地分配时间去做。而有了工作图表，通过翻看工作图表，你就可以有条不紊地进行这些工作，完全不用担心忘记什么事情。

最后，绘制表格可以排定工作的优先次序，你可以把最重要的工作排在最优先的位置上，帮你节约许多宝贵的时间。如果没有表格，那么你就失去了一份行动的计划书。

小练习：绘制工作图表

从今天开始，把你的待办事项绘入一张工作图表中，让图表看起来一目了然即可。最开始不用讲究美观，而要讲究实用。当你逐步熟练了工作图表的绘制技巧之后，再慢慢提高图表的美观性。这样，每当你绘制一张工作图表时，都会有一种成就感。

高盛 deadline：预先安排好完成的时限

工作中、学习中的 deadline 除了外界施加的以外，个人也应当对自己提出要求，并且把这 deadline 作为一个强制性的标准，必须按时完成。取信于人很重要，取信于自己也很重要，这能让你尊重自己的计划和安排。

——高盛 deadline

有人说："我要成为百万富翁！"有人说："我要开公司做老板。"还有人说："我要赚钱买车。"这样的话他们经常说，可是一年过去了，五年过去了，他们还是老样子——没有成为百万富翁，没有开公司做老板，也没有买车。

如果你问他们为什么没有实现自己的目标，他们很可能会说："着什么急吗，我不正在努力吗，过几年就可以实现我的目标！"如果你再问他们："过几年呢？有具体的时限吗？"他们很可能会说："干吗要具体的时限？反正我能实现就行，晚几年又有什么关系。"

这些人的想法是美好的，目标是诱人的，但没有计划、没有时限、没有行动，我们完全可以视其为说大话、吹牛皮。因为空有目标而没有计划，更没有实现这个目标的时限，那么这个目标就无从实现。这就是人性的通病，人都有拖延的弱点，假如做一件事没有时间限制，我们就会不紧不慢、不慌不忙，就会拖延下去，反正明天可以做，后天也可以做，着什么急嘛！

脏衣服该洗了，但今天有点累，不想动，还是等明天再说吧；房间太乱了，应该整理一下，但今天有点忙，没时间，还是等有空的时候再说吧。类似的拖延在工作上十分常见，有个客户应该回访一下，但最近有些忙，先把别的事情忙完再说。可是，等你忙完了手头的工作，再去回访那位客户时，发现他已经成了别人的客户。

经常听人说："为什么我的目标完不成？"答案很简单，因为没有设定一个明确的期限。假如你计划今天必须把某项工作做完，没有做完加班也要做完，哪怕凌晨两点睡觉也要做完，那么你就会产生一种紧迫感，就会调动全身心的注意力来做这件事。至于其他的事情，可以暂时放一边，当前最重要的就是做这件事，直到做好这件事为止。

人的大脑其实就像计算机一样，你输入什么指令，它就会做出什么样的行动。你输入的指令是"什么时间之前必须完成"，大脑就会驱使你去做相应的事情。所以，不能对自己太客气、太宽容，而要严格设置期限，并养成按期限完成工作的习惯。这样，一切工作都会按照你的计划和设想完成。

设定完成一项工作的期限，可以使你将所有的注意力都集中到这个目标上，从而避免无关紧要的小事干扰你。当你的行为与目标脱节时，期限会让你及时回到正确的轨道上来。期限对你可以产生一种约束力，而且有些计划本身就是一种约束。比如，下个月 5 日你要参加会计证考试，那么你的复习时间就已经有了明确的期限。期限可以让你产生一种内驱力，使你拥有前进的动力。

如果你有一天的时间完成一项工作，你就会花一天的时间去做这项工作；如果你只有一个小时的时间完成一项工作，你就会迅速有效地利用这一个小时完成这项工作。所以说，确定待办工作的完成时限非常重要。

当然，在这之前，你首先要确定待办的事件，即做什么，这是目标问题。下面，就从确定待办事件开始，介绍如何设置完成的时限，以及如何达成目标。

1. 确定待办的事项

任何计划首先都离不开目标，目标是计划的前提和保证，而计划是围绕目标制订的。你将要做什么事情，这就是一个很明确的目标，当你有了这个目标之后，就知道要做什么了。比如，明天你要拜访一位客户，接下来就可以围绕这件事做计划。

2. 为待办事件设定时限

在针对某项工作制订计划时，设定时限是很重要的一环。以拜访客户为例，你可以结合自己的工作情况确定时间，假如明天上午你有重要工作要做，那么你可以把拜访的时间定在下午。当然，事前你可以与客户沟通，看他明天下午是否有空。如果对方有空，那么你就可以把时间确定下来。时间确定了，时限也就随之确定了

有时候，你同一时间要处理的事情有很多，比如未来一个星期，你有 3 项重要的工作要做，而且每一项工作都有很多内容，这时你可以按照前文所介绍的记录法或图表法，将这些工作按照重要顺序排列出来，标上号码，如最有价值的工作标上 1 号，其次的工作标上 2 号。再针对这些事情的难易程度，分配合适的时间完成，这样就确定了完成时限。

3. 限制待办事件的数目

每个人的精力都是有限的，如果你想在有限的时间内做无限多的事情，

只会把自己累坏。聪明的做法是，合理地取舍一些不必要的事情，把时间留给那些重要的事情。比如，一天之中只做最为重要的三件事，至于其他不那么重要的事情，可以放到明天去做。在这一天，你的主要任务是做好这三件事，并为每一件事设定完成的时限。在每个时限里，全力以赴。

4. 科学地安排不同工作的次序

值得注意的是，对于必须要做的事情，你应该科学地安排它们，使自己处于一个协调的工作环境之中。最好让不同的工作之间能起到相互协调的作用，让你能够劳逸结合，这样既可以完成工作任务，又不影响身体健康。

比如，完成一个重要的销售计划书，拜访一位重要的客户，写一篇重要的销售报告。对于这三件事，假如它们的重要程度不相上下，而且都必须在一天中完成，那么你可以这样安排：

上午写销售报告（或写销售计划书），然后去拜访客户，正好利用中午时间与客户吃饭，下午回来再完成销售计划书（或销售报告）。之所以这样安排，是因为销售计划书与销售报告同为脑力工作，如果连着做这两件事，你就会觉得大脑很疲惫，但如果这两件事中间穿插着拜访客户，你就会感到轻松很多，工作效率也会高一些。

总而言之，预先安排完成一项工作的时限，就是你对时间进行预算，这与开支预算的道理是一样的，是很有必要和非常有效的工作方法。开支预算可以避免冲动消费，而时间预算可以避免浪费时间，保证你在有效的时间内高效地完成重要的工作。所以，一定要重视工作完成的时限。

职场金句：

你有多少时间完成工作，工作就会自动变成需要那么多时间。

——巴金森法则

麦肯锡思维：排列事情的轻重缓急

在麦肯锡，每个人都有一种工作习惯，那就是按照工作的重要程度来排序。

——麦肯锡思维

当你在工作中手忙脚乱，当你抱怨自己是公司最忙碌的人，当你每天回到家里感觉筋疲力尽时，你有没有想过：为什么会造成这种情况？原因究竟在哪里？很多忙碌的人没有想过这些问题，他们只知道忙忙碌碌，好像自己每天都活得很“充实”，却不思考这种“充实”是否真的有价值。下面，我们不妨来看一则故事。

在某大学的时间管理课上，教授把一些鹅卵石装入一个罐子，然后问学生："这个罐子装满了吗？"表面上看，这个罐子确实装满了鹅卵石，因为好像再也放不下其他东西了。因此，全班同学异口同声地说："是的，装满了。"

教授笑了笑，从桌底下拿出一袋碎石子，将碎石子倒入罐子中，并慢慢地摇晃，碎石子从鹅卵石之间的小孔渗了下去；再加一些，再摇晃。教授做完这些，再问学生："现在罐子装满了吗？"这一次学生不敢太快回答，大家有些不太确定："也许没有满。"

"很好！"教授说完后，从桌底下拿出一袋沙子，慢慢地倒进罐子里，并轻轻地晃动罐子。做完这些，教授继续问："大家说这个罐子装满了吗？"

"没有满。"全班同学这下学乖了很多，很有信心地回答。

"好极了！"教授说完，从桌底下拿出一杯水，慢慢地倒入罐子。做完这些事情后，教授问全班同学："请问大家，从这件事中你们得到了什么启示？"

全班同学陷入了一阵沉默，只有一位学生举手回答："这件事说明无论有多忙，无论行程排得有多满，如果再逼自己一下，就可以做更多的事情。"答完之后，这位学生脸上洋溢着得意的神情。

教授点了点头，微笑着说："回答得不错，但是还没有回答到要点上。"说到这里，教授故意顿了顿，用眼睛扫视了全班同学后说："这件事告诉我们，如果不先将大的鹅卵石放进罐子里，也许就永远没有机会将其他东西放进去。"

教授的话很直白地指出：做事要讲究轻重缓急，一定要把握主次轻重，这样才能兼顾各项工作。鹅卵石、小石子、沙子、水代表的是不同的工作，它们有主次轻重之分，有轻重缓急之别，只有排列出一个合理的顺序，才能有条不紊地做好这些事。

在工作中，我们难免会碰到各种琐碎、杂乱的事情纠缠在一起的情况。不少人由于不懂得按照事情的轻重缓急处理，而被这些事弄得焦头烂额，不但会耗费巨大的时间和精力，还没能做好这些事，真可谓事倍功半。

大量研究表明，在工作中，很多人总是按照下面的准则决定做事的优先顺序：

先做紧迫的事情，再做不紧迫的事情。

先做有趣的事情，再做没意思的事情。

先做已经排定的事情，再做临时、突发的事情。

先做自己喜欢的事情，再做自己不喜欢的事情。

先做自己熟悉的事情，再做自己不熟悉的事情。

先做自己觉得容易的事情，再做自己认为有难度的事情。

先做花费时间少的事情，再做耗费时间多的事情。

先做资料齐全、准备充分的事情，再做资料不齐全、准备不充分的事情。

乍一看，按照这些准则做事没有什么不妥，但实际上这些准则并不符合高效工作的要求。因为高效工作是以实现目标为导向的，在一系列以实现目标为唯一依据的待办事件中，到底应该先着手处理哪些事情，后处理哪些事情，甚至不处理哪些事情呢？

对于这些问题，著名的麦肯锡公司给出的答案是：应该按照事情的重要程度编排优先次序。什么是重要程度呢？它指的是对实现目标的贡献大小或价值大小。对实现目标的贡献越大、价值越大的事情越重要，就越应该优先去做；对实现目标的贡献越小、价值越小的事情越不重要，就越应该延后处理，甚至不处理。用一句简单的话说，就是："我现在做的这件事，是否使我离目标更进一步？"按照这个原则判断事情的轻重缓急。

在麦肯锡，每个人都有一种工作习惯，就是按照工作的重要程度排序。他们在开始每一项工作之前，都会先弄清楚哪些事情是重要的，哪些事情是次要的，哪些事情是无足轻重的。每一项工作都如此，每一天安排工作都是如此，甚至一年或更长时间的工作计划，也是这样安排的。

在上述 8 种决定优先次序的准则中，对我们最具误导的一条恐怕是"先做紧迫的事，再做不紧迫的事”。大凡低效能的人，他们每天 80% 的时间和精力几乎都花在紧迫的事情上，也就是说，在他们眼里最紧迫的事情是最重要的，应该放在首位去处理。

按照这种思维，他们经常把每日待处理的事区分为如下三个层次。

第一层次：今天必须做的事情——最紧迫的事情。

第二层次：今天应该做的事情——有点紧迫的事情。

第三层次：今天可以做的事情——不紧迫的事情。

这样排列事情的优先次序，往往会出现一个问题，就是很多重要的事情往往不紧迫。比如，向上级提出改造产品设计和包装的建议、一个长远目标的规划，甚至身体检查等，按照紧迫性排序，它们往往被排在最后面。所以说，按照事情的重要程度排序固然可取，但仅仅如此还是不够的，还必须结合事情的紧迫性，也就是按照事情的轻重缓急排列顺序。这样就可以把事情划分为四个层次，如下图所示。

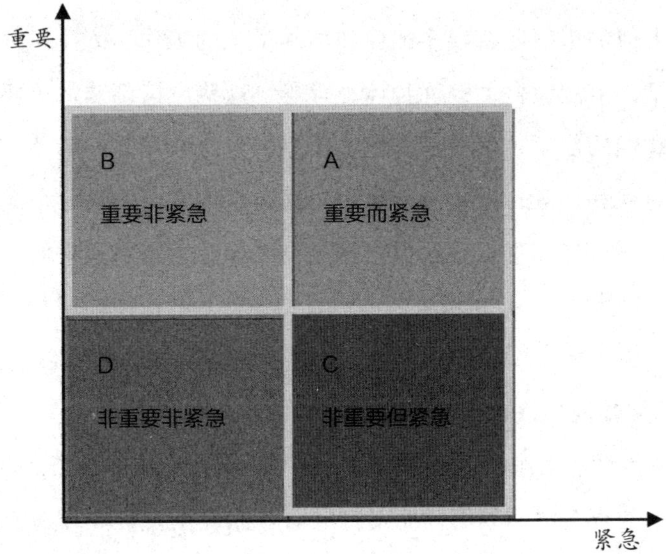

A：重要而且紧急的事情

用一个成语来形容这类事情，就叫“当务之急”，即当前任务中最重要、最急切要办的事情。这类事情可能是实现事业和目标的关键环节，可能与你的生活息息相关，它比任何一件事情都值得优先去做。所以，你应该把它安排在最优先的位置处理，做好了它你才可能顺利地去做别的工作。

举个很简单的例子，假如有个人在沙漠里又渴又饿，马上就要死了，这个时候送水给他喝就是重要而紧急的事情，而送饭给他吃则是重要但不紧急的事情。因为对于一个又渴又饿的人来说，水源比食物更重要，只有先给他水喝，才能把他从死亡边缘拉回来，然后给他食物，让他从极度饥饿中走出来。如果你先给他饭吃，他是吃不下的，因为他早已没有力气吃饭了。

建议：重要而紧急的事情要毫不犹豫地做，并要坚持到底，努力做好。

B：重要非紧急的事情

上面的例子中，给又饥又渴的人饭吃，就是重要但非紧急的事情。在工作中，类似的事情还有很多，比如指导员工的工作，读几本好书，和家人交流感情，节制饮食，锻炼身体，等等。这些事情都非常重要，因为它们会影响我们的健康、事业还有家庭关系，但是它们并不紧急，所以容易被很多人忽视和拖延，导致没有做好。这类事情考验的是一个人的自觉性和主动性，只有当你意识到这类问题的重要性并真正重视它们时，你才有可能去认真对待。

建议：认清对自己重要的事情，保持主动性和自觉性去做这些事。

C：非重要但紧急的事情

这样的事情在工作中也经常出现，比如同事让你帮他打印一份文件，老板让秘书给他查个电话号码，朋友打电话叫你现在去 KTV 唱歌，等等。这类事情不重要，但是很紧急。由于种种原因，我们常常不忍心拒绝这些事情，导致它们会影响我们正常的工作安排和生活安排。比如，你正在忙重要的工作，同事让你帮忙打印一份文件，你不好意思拒绝，于是停下手中的工作去做，结果影响了你手头的工作；朋友叫你去唱歌，你不好意思拒绝，结果唱到凌晨才回来，由于晚上没休息好，第二天上班毫无精神，工作被耽误了。

建议：学会拒绝，不要让非重要但紧急的事情过多地干扰重要的工作。

D：不重要也不紧急的事情

生活和工作中，不重要也不紧急的事情非常多，比如看电视剧、上网玩游戏等，这些事情或许有一点价值，但是如果你毫无节制地沉溺于此，就会浪费大量的时间。与其沉迷于电视剧，不如读几本好书；与其上网玩游戏，不如去健身和锻炼。

建议：不沉迷、不荒废，珍惜宝贵的时间，用在最有价值的事情上（A 类和 B 类事情）。

小测试：分清轻重缓急的能力测试

当以下 5 种情况同时发生时，你会先做什么后做什么？

1. 外面有人按门铃。
2. 家里的电话响了。
3. 宝宝在哭。
4. 炉子上的水开了。
5. 开始下雨，刚刚洗好的衣服挂在外面。

解析：

确切地说，做以上 5 件事情，不存在绝对正确的顺序，因为每个人都有自己考虑问题的方式。但按照常理来说，较为符合逻辑的顺序是：5、4、1、3、2。

外面下雨，衣服未收——重要又紧急的事情，如果不及时收衣服，衣服被淋湿，可能会造成没有合适的衣服换，给生活造成不便。所以，必须马上就做。

炉子上的水开了——重要又紧急的事情，相对于收衣服，它可以缓一会儿，因此排在第二。

外面有人按门铃——紧急但不那么重要，让按门铃者等一会儿并不碍事，因为家里有紧急且重要的事情要做，不得不延后开门。

宝宝在哭——安抚一下宝宝是重要的工作，但算不上紧急的工作。

家里电话响了——既不重要，也不紧急，因为即使没有及时接到电话，也可以根据来电号码回复过去。

计划之外：发现问题，积累经验

我只有一盏灯，正是它照亮了我脚下的道路，它就是经验之灯。

——美国政治家帕特里克·亨利

有一本书，主要内容是关于解放军一些重要战役的回忆，其中有一部分讲述的是上甘岭战役的具体情况，有一段是这样写的：

某团士兵被派往上甘岭，接替兄弟部队负责防守任务。团长实地考察一番之后，发现上甘岭的地形非常狭窄，不宜驻扎整个团的兵力，否则很容易被强大的美国炮火杀伤。于是，他决定安排6个连轮流坚守，每个连坚守一天。当前面的连撤下来时，会留一个排长和两个班长，跟随后面接班的连一起坚守，并介绍当日的战斗情况和经验体会，指导接班的连队。如此轮换，接班的连队就可以很好地积累经验。

与之类似，有一位将军每次打完仗，就会和几位重要参谋坐下来总结经验，检讨一下自己的问题，为下一场战斗做准备。有时候还会去作战现场重复战斗动作，切磋指挥得失，再将两次总结放在一起，既肯定了成绩和进步，又可以找出缺点与不足，还能明确今后作战要注意什么。这就是总结的好处，可以让人发现问题、留住经验，更好地进步。

欧洲有一家保险公司的两位明星推销员，他们有一个工作习惯：每天中午和晚上下班后，都要回到办公室进行一次交流。同事们对他们的行为感到好笑，因为中午大家都在吃饭喝咖啡，晚上大家都下班了，他们却回到公司继续"加班"。其实这完全是没必要的，但他们却坚持这么做，怎能不让人好笑？

这两位明星推销员为什么来公司？为什么在一起交流呢？他们到底在干什么呢？同事们经过一番了解，发现他们在一起探讨的是前一天或当天出现的问题，比如遇到了怎样的客户？为什么没有说服对方购买保险？有什么更好的办法可以说服他们？每次他们都会将自己遇到的问题拿出来探讨，商议对策。

有时候，两位推销员只有一人在场，比如另一位出差了，剩下的这位仍然会留出时间反思和总结。如果可以的话，他们会通过电话或网络进行交流和总结，这几乎是他们雷打不动的工作习惯。也正因为如此，他们的销售业绩才会比其他同事更好，这就是他们成为公司明星推销员的重要原因之一。

每天下班后的总结和反思到底有什么作用呢？也许很多人会说："每天都做那些事，有什么好总结的？这不是浪费时间吗？"其实，养成总结的习惯，对提高个人的工作水平十分有益。

多总结，可以找出高效的工作方法。工作要努力，这肯定没有错，但只知道埋头苦干，每天都采用同样的方法（也不管这种方法是否高效）并不明智。著名现代作家丁玲几十年如一日地写日记，为的是不断总结和提高自己；鲁迅几乎每天都发表一篇文章，这些文章就是他的“日记”和“总结”。每天对自己的工作进行一次总结，通过对工作量和工作时间的分析，可以发现一天中效率的高峰时间段和低谷时间段，可以发现高效和低效的原因，从而逐渐形成一套自己独特的效率管理方法。

多总结，可以避免重复出错。在工作中，我们难免会犯错，犯一次错没关系，但别重复犯错。如果你重复犯错，就不是你的能力问题，而是你的态度问题。而要想避免重复犯错，最好的办法就是养成总结的习惯，通过总结找出犯错的原因，提醒自己下一次注意避免。这样既可以提高工作效率，也可以提高你的工作水平。

多总结，可以形成自己的一套工作流程。我们每天都在工作，每天几乎都在做同样的事情，有些人觉得做多了太枯燥、太无趣，而有些人则在不断的工作中，总结出一套适合自己的、高效的工作流程。这两种人的差别，就在于前一种人不懂得总结，后一种人懂得总结和归纳，懂得在熟悉的工作上创新工作方法。

总结工作是一个将以往经验不断延续下去，并在此基础上发挥个人的聪明才智，不断创新工作方法的过程。可以说，没有总结就没有提升。一个不懂得对自己的工作进行总结的人，随着时间的推移，他的宝贵经验就会慢慢蒸发。这样的人即便做同一项工作 10 年、20 年，他的能力还是在原地踏步，甚至会倒退。因为随着时代的发展和竞争的加剧，工作要求会不断提高，而他们不提高自己，自然不进则退。

总结越充分，越能够提升自己的感悟能力；总结越深刻，对工作的理解越有深度；总结越到位，对工作技巧的提高越有益。难怪有人说，工作能力是不断总结出来的，工作业绩是在总结中不断提升的。职场是公平的，高效能的职场人士之所以高效，原因很简单：因为他们比其他人更善于总结，更懂得在总结中提高自己。

1. 总结的分类

业绩是总结出来的。总结有很多类别，有日总结、周总结、月总结、年总结，还有一项工作完成后的总结、完成过程中阶段性的总结。事实上，总结没有固定的时间限制，没有人规定多长时间总结一次，也没有人规定什么阶段才应该总结。这完全是一种自觉的、主动的、随意性的思维活动。只要你愿意总结，每做完一项工作都可以花 1 分钟时间进行小结。切记：不要为了总结而总结，也不要在总结上耗费过多的时间和精力。

2. 值得总结的几个问题

有着“现代公关关系之父”美誉的美国效率专家艾维・利十分推崇事后总结，他建议人们每天都要设定需要完成的目标，无论这些目标完成了没有、完成得好不好，一天结束时都应该坐下来总结一下。拿出你的待办事项清单，对照上面的事项，反思自己：

这一天究竟发生了什么？

自己又做了什么？

做得怎么样？

哪些地方做得好？

哪些地方存在不足？怎样改进？

对一整天工作进行检讨，并根据检讨的结果制订明天的目标计划，可以促进你不断进步。

孔子曾说：“吾日三省吾身。”高效能人士大多有自我反省的习惯，他们在反省时通常都会关注以上几个问题。通过不断的自我反问和回答，得出改进的策略和办法。

3. 画一张简单的总结表

总结工作中的经验教训，并不只是在大脑里反思，最好用笔和纸记录下来，这样可以加深印象，也便于以后经常翻阅，提醒自己注意改进的地方。而且，最好制成表格形式，便于直观地阅读。

小练习：用简单的表格总结你的一天

按照下面表格的形式，总结你的一天。

2023 年 4 月 25 日总结表	
这一天究竟发生了什么事情？	事件 1、事件 2、事件 3……逐一列出来。 主要记录与工作有关的大事，鸡毛蒜皮的小事忽略不计
今天我做了什么事？	做了什么……明确地列出来，实事求是地记录
与昨天计划的待办事项对比，我今天做到了什么程度？	比如，昨天计划今天要完成 5 件事，今天完成了 4 件事，并且完成得很到位，完成了 80% 的工作
接下来，我该做什么？	今天剩下一件事没完成，明天继续完成。同时，把明天的工作列出来，给明天做一个工作安排
从今天的工作状态中，有什么感想和收获？	今天的工作状态较好，但期间上网看新闻耽误了 30 分钟，明天要避免这样，争取完成明天所有的待办事项

03

行动：让计划不再成为空谈

行动是计划与目标之间的桥梁，没有这座桥梁，你只能在计划之后短暂地感受一下自欺欺人的喜悦，然后站在美好的计划上望洋兴叹。拥有高效的执行方法，一切工作都会变得简单，一切目标的达成都不再困难。

艾维·利：永远先做最重要的事

我可以给你一些忠告，而且可以使你的公司业绩至少提升50%。

——美国效率专家艾维·利

时间对每个人来说都是有限的，在有限的时间内，怎样才能获得最高的工作效率呢？这就要求对工作有所排序、有所选择、有所取舍，即把你认为最重要、最有价值，对你实现目标最有贡献的事情排在第一位，首先把这类事情做好，才是最有效的工作原则。

最重要的事情分为两类：一类是重要且紧急的事情，另一类是重要但不紧急的事情。因此，在严格遵从“最重要的事情优先”的原则时，还需考虑做事情的紧急程度。就像消防员救火时，他们不但要救人，还要救火。救人是最重要的，但救火是非常紧急的，把这两者兼顾好了，才是最成功的救援。

身在职场，你可能每天都会面对一大堆工作，先做哪些事情，后做哪些事情呢？也许有些人会感到无从下手，于是想做什么就做什么，甚至眉毛胡子一把抓，最后往往既费时费力，又没有取得预期的效果。其实，最高效的做法就是先做最重要的事。

查理斯・舒瓦普是美国伯利恒钢铁公司的总裁，他曾因为个人工作效率低下的问题向效率专家艾维・利请教："艾维・利先生，你能给我一些工作上的忠告吗？让我把公司管理得更好！"舒瓦普表示自己懂得如何管理，但事实上管理效果不尽如人意。他有丰富的管理知识，但在执行效率上有所欠缺。舒瓦普对艾维・利说："每天我应该做什么，这个我很清楚，我只需要你告诉我如何执行计划！"

艾维・利说："我可以给你一些忠告，而且可以使你的公司业绩至少提升 50%。"说着，他拿出一张白纸和一支笔，并递给舒瓦普："请把你明天要做的最重要的 6 件事写在这张纸上。"

舒瓦普写完之后，艾维・利对他说："现在你用阿拉伯数字把每件事对你和公司的重要性标出一个次序。"很快，舒瓦普就标好了次序。

艾维・利接着说："现在把这张纸放进口袋。明天来到公司，第一件事就是拿出纸条，做第一重要的事情。做完之后，再去做第二重要的事情，以此类推下去，直到你下班为止。"

舒瓦普疑惑地问："如果我下班了，这 6 件事没有做完怎么办？"

艾维・利说："不要紧，就算你只完成了一件事，你也是在做最重要的事。"

艾维・利补充道："每天你都这样做，当你发现有效果后，叫你公司的人也这样做。当你觉得我这种方法真的帮你提高了公司效益时，你给我寄一张支票过来，你认为我的建议值多少钱就给我多少。"

整个会面不到半小时就结束了，几个星期后，舒瓦普给艾维·利寄来了一张 2.5 万美元的支票，还附上一封信。信上说：“如果单纯从钱的角度来看，你给我的建议是我一生中最有价值的一课。”

5 年之后，这个当初不为人知的小钢铁厂，一跃成为世界上最大的独立钢铁厂，其中艾维·利的建议功不可没。

永远先做最重要的事，这就是艾维·利高效工作的精髓，这个工作原则对每个身在职场的人都有帮助。要想做到永远都在做最重要的事，你需要做到两点：

1. 每天开始时，把各项工作按重要性排序，把最重要的工作排在第一位

工作要有章法，不能眉毛胡子一把抓，这样才能按部就班地把事情做好。不过，在权衡各项工作的重要性与紧迫性时，经常会让人犯难。正如法国哲学家布莱斯·巴斯卡说的那样：“把什么放在第一位，是人们最难懂得的。”

许多职场人士不幸被这句话言中，不知道哪项工作是最重要的，哪项工作是次要的，他们以为工作本身就是成绩，只要自己没有偷懒，一直在忙碌着，就是优秀的表现。其实，这是非常愚蠢的想法。

要知道，职场是讲究效率的地方，公司是追求利润的地方，同样是上班时间，老板肯定更喜欢工作成果多的人。因此，要想赢得信赖和认可，要想在职场中表现优异，必须分清事情的轻重缓急，永远把最重要的事情放在首位并且努力做好。

那么，怎样才能正确地权衡事情的重要性呢？对于这个问题，你不妨借鉴一下比尔·盖茨的做法。比尔·盖茨在确定工作的重要性时，有三个判断标准。

标准 1：明确什么是你必须做的。

这包含了两层意思：一是是否必须做，二是是否必须由我做。只有在非由你做不可的情况下，你才应该将其纳入计划表中。否则，你可以委派给别人去做，自己只负责监督（这是对于管理者而言的，对于普通员工就享受不到这种权力了）。

标准2：明确哪项工作能给你最高的回报。

所谓“最高的回报”，即符合你的最大目标，并且比任何其他事情都能让你更快地迈向这个目标。例如，在一位普通的销售员看来，最高的回报是首先拜访最大的客户，因为这位客户有可能给他最大的回报，让他快速完成月销售额。

标准3：明确哪项工作能给你带来最大的满足感。

有时候能得到最高回报的事情，并不等于能给你带来最大的满足感，要想让你获得满足感，你必须平衡各项工作。因此，无论你的地位高低，总要把一些时间分配到令你愉快和满足的事情上，这样工作才不至于枯燥无味，才更有利于保持工作热情。总是分配时间在令人满足和快乐的事情上，唯有如此，工作才是有趣的，才能更容易保持工作的热情。

通过三个标准的过滤，你对事情的轻重缓急就很清楚了，然后把它们排出顺序，并坚持按这个顺序执行，你将发现，再也没有什么办法比按重要性原则工作更高效了。

2. 按照事情的次序，制作一个进度表

计算机界的“商业巨子”罗斯·佩罗曾经说：“凡是优秀的、值得称道的东西，每时每刻都处在刀刃上，要不断努力才能保持刀刃的锋利。”罗斯很早就认识到，确定了事情的重要性之后，不等于这些事情就会自动做好，还需要花大力气把这些事情落实到行动上。

每天都把工作安排好，这是你把工作落实到位的关键。这样可以保证你每时每刻都能集中精力处理最重要的工作。但如何才能把每天计划好的工作完成呢？就像艾维·利提出的那样：每天列出6件重要的事，排好次序依次执行，直到下班为止。这6件事如果不能当天完成，势必会影响第二天的工作和计划。因此，努力做到“当天工作当天完成”很重要。为此，你有必要制作一个工作进度表，严格计划和控制每项工作的完成时间。比如下图这样：

按重要性排序的工作	每项工作完成的预设时间
①……（具体什么工作自己填写）	9:15~10:15
②……	10:20~11:00
③……	11:05~11:50
④……	13:35~14:35
⑤……	14:40~15:40
⑥……	15:45~17:30

在安排工作时间时，每项工作完成后给自己 5 分钟的休息时间，或喝一杯水，或起身去一趟厕所，然后进行下一项工作。工作时间的安排，要结合工作的难易程度和工作量的大小确定。如果这一天真的无法完成这 6 件事，那也不要紧，只要你能保证按照这个表格去工作，你就时刻都在做最重要的工作。然后，把剩下的工作放到明天的计划表里，再去完成。当然，对于很多职场人士来说，每天要面对的工作往往不会超过 6 件，也许只有两三件，甚至只有一件，这时你也可以把工作时间段划分开，要求自己每一时间段完成多少工作，如此可以保证你的工作效率。

职场金句：

虽然人类基本上是“多功能的工具”，有能力同时做好几件事，但是如果要让人产生最大贡献，最好的办法就是把自己和组织的时间与精力，一次只集中在一件事情上。而且，总是先做最重要的事。

——美国管理学大师彼得·德鲁克

王石：不浮躁，从最不愿意做的事情做起

第一，不能浮躁；第二，做不愿意做的事情。从你可能不愿意做的事做起，并把它做好，再一步做好，那么机会就会随之而来。

——中国企业家王石

如果你是一个爱阅读的人，你会发现：几乎没有一本书中提倡要做自己最不愿意做的事情。古今中外，不论是富可敌国的商人，还是学识渊博的学者，他们都在提倡要做自己感兴趣的事情，要做自己喜欢做的事情。可问题是，世界上哪有那么多你喜欢的，刚好又让你做的事情？

当你面对一些自己喜欢的事情和一些自己不喜欢的事情时，甚至当你面

对的全都是自己不喜欢的事情时，你该怎么办呢？难道你只做自己喜欢的事情，把自己不喜欢的事情留在那里不管吗？当然不行，因为工作就是执行，属于你的工作你就要负责，否则你就是不称职的员工。

事实上，能否完成你不愿意完成的工作，很多时候不是你的能力问题，而是你的态度问题。如果你能丢掉浮躁和抱怨，从自己最不愿意做的事情做起，把不喜欢的事情做好，那么你的核心竞争力也就在无形中增强了，这将是你在职场中竞争的重要本钱。

创新工场总裁兼首席执行官李开复曾经说："有理想并追寻理想是好的，但只有先把分内的事做好，才有资格期望更多。"如果你是一名理发师，你首先应该把客人的发型理好，才有资格成为别人的形象设计师；如果你刚进入职场，并且做的是自己不喜欢的工作，那你首先要做的是把这份工作做好，这样你才有可能获得晋升和发展。

王石认为，浮躁是现在人们普遍存在的一种心理，大家恨不得今天读一本书，明天马上见效；恨不得上午听到一句名言警句，下午就能帮助自己成功。王石也浮躁过，他深知浮躁对成功的阻碍，所以他建议职场中的年轻人不要急于求成。

在抛弃了浮躁之心后，再去做自己不愿意做的事情，这样会让你的身心得到磨炼，让你变得更加成熟和稳重。王石曾经是一名军人，复员之后当过工人，那时候他是汽车兵，汽车兵很好找工作。比如，找个开小车、开卡车或开公共汽车的工作。但是他都没有选择，而是选择抡大锤。这并不是他愿意干的工作，但他还是选择了，因为他不愿意一辈子做司机。

在工厂里，王石是抡大锤抡得最好的，所以工厂里的老师傅就推荐他上大学（当时工农兵学院有这个政策待遇）。推荐的学校不是他喜欢的，专业也不是他喜欢的，但是他在大学三年时间里没有浪费光阴，而是认真地学习经济学和英语。大学毕业后，他对自己在外贸局的工作不满意，于是到深圳闯荡，后来闯出了自己的一番事业。

王石说："可能你现在不如意，不妨降低身段，从你可能不愿意做的事情做起，并把它做好，再一步做好，那么机会就会随之而来。相反，你越急于求成，越要马上表现自己，往往越不容易成功。"

王石的一番忠言对每一位职场人士都有警示作用。无论是对待本职工作，还是对待自己的人生，我们都不能被浮躁扰乱了心志，而要放下浮躁，学会脚踏实地去行动，哪怕最开始做的是自己不愿意做的事情。

事实上，往往你不愿意做的事情，也是别人不愿意做的事情。在大家都不愿意做这件事时，如果你认真去做，那么往往会获得别人无法获得的机会。如果你能把握好这个机会，那么离成功就不再遥远了。

美国有一家婴幼儿专卖店，为了解决父母繁忙没时间买婴幼儿用品的烦恼，增加了"打电话送货上门"的业务。有了这项业务之后，谁负责送货呢？公司的员工都不愿意干，毕竟这是一份辛苦的工作。一名新来的员工接受了这份工作，而且做得非常到位。几年后，他开了自己的"送货上门"公司，专门为全城的婴幼儿专卖店送货，随叫随到，只收 15% 的服务费。结果，他的生意越做越好。

美国管理学家 D. 韦特莱指出，成功者所从事的工作往往是绝大多数人不愿意去做的。这就是著名的"韦特莱法则"。要想做好"最不愿意做的事情"，应注意以下两点：

1. 想办法让自己产生"做不愿意做的事情"的动机

美国心理学之父威廉·詹姆士对时间行为学进行研究之后，发现人们对待行动有两种态度：一种态度是这项工作必须完成，但它实在讨厌，所以我能拖便尽量拖；另一种态度是这虽不是项令人愉快的工作，但它必须完成，所以我得马上动手，好让自己能早些摆脱它。

詹姆士说，如果你有了"做不愿意做的事情"的动机，就要迅速踏出第一步，这非常重要。你只需要强迫自己去做你不想做的、做你想拖延的事情，而且从每一天开始，你都可以选出这一天中你不想做的一件事，养成这种习惯。

从自己最不喜欢做的事情开始做，到底有什么好处呢？詹姆士表示，当你一开始就去做自己不喜欢做的事情，并且将它搞定时，你内心的所有担忧和烦恼都不见了，你会产生一种成就感，并带着这种成就感，轻松地去做你喜欢做的事情，这样可以提高你的工作效率。

2. 在做你不愿意做的事情时，要重视其中的每一个细节

有些人虽然接受了不愿意做的事情，但思想上不够重视，态度上不够认真，导致做出的事情效果不好。这是你应该避免的。做不愿意做的事情，不能满足于敷衍了事，而应该做好，否则就别做。

20 世纪 70 年代初，美国麦当劳总公司进军中国台湾市场。在正式进军前，他们在当地举行了一次公开招聘活动。他们选择人才有自己的一套高标准，很多人都没有通过。经过层层筛选，一位名叫韩定国的年轻人最终被留了下来。

这并不意味着面试结束，相反，对于韩定国的最终面试，麦当劳公司格外重视，其总裁当面与韩定国谈了三次，并问了他一些意料之外的问题，比如“假如让你去洗厕所，你愿意吗？”还未等韩定国开口，一旁的韩太太就说：“在我们家，厕所一直是他洗。”

总裁十分高兴，免去了最后的面试，当场决定录用韩定国。

进入麦当劳之后，韩定国最先开始接受的是洗厕所训练。因为从事服务业要有良好的工作态度，从卑微的工作做起，可以更好地了解“以家为尊”的服务理念。在洗厕所时，韩定国十分注重细节，把任何一个可能留下细微污渍的地方都洗得十分干净，赢得了麦当劳总公司的高度认可。后来，韩定国成了知名的企业家，而他最开始就是从自己不愿意做的事情做起。

不要轻视任何一件你不愿意做的事情，因为哪怕这件事是一件小事，小到不值一提，小到任何人都不屑去做，它里面也蕴藏着机会。当你重视它，并做好其中的每个细节时，你就比别人多了一个成功的机会。

小测试：你浮躁吗？

1. 你很难控制自己的情绪，遇事容易急躁。

2. 你经常心神不定，烦躁不安。

3. 你有盲从心理，做事时容易头脑发热，想到哪里做到哪里。

4. 你见异思迁，做事情不容易坚持到底。

5. 你脾气大，整天无所事事，喜欢耍小聪明，投机取巧。

6. 你经常想一些不切实际的事情，好高骛远，常常换工作。

7. 你在找工作时，总想着进500强之类的大公司，但由于对自己认识不足，结果经常碰壁。

8. 喜欢结识一些比自己优越的人，瞧不起不如自己的人。

测试结果：

对于上面的8个问题，如果你有至少5个回答“是”，那么你存在较强的浮躁心理。你要做的是正确认识自己和现实，学会脚踏实地工作。

效率大师：把类似的工作放到一起做

生活越来越忙乱，日常繁杂的工作日积月累，我们必须加快速度跟上脚步，找到自己的定位。

——美国时间管理大师希鲁姆·W. 史密斯

生活中，你是否有过这样的经历：如果购物，干脆就把家里所缺的东西集中购买回来，而不是买了蔬菜、水果，回到家里又去买大米、食用油，再去一趟购买牙膏、牙刷、毛巾；如果收拾房间，干脆就将客厅、房间、厨房、卫生间等统一打扫一遍，大不了花两个小时；如果看电视，干脆就给自己留出周末时间，准备一些零食水果，安心地坐在沙发上一次性将一部电视剧看完……

以上做法有一个共同特点，就是将类似的或相同的工作放在一起做。这样的好处就是集中化解决，与批量购买的道理差不多，它最大的好处就是节省成本。批量购买东西（批发东西）节省的是经济成本，批量做事节省的是时间和精力上的成本，让你在单位时间里获得更高的效率，而且能够轻松地完成工作任务。

在生活中，我们可以通过集中解决的办法处理烦琐的事务；在工作中，我们同样可以采用这种办法提升工作绩效。如果你是一名业务员，下面两种工作方式，你更喜欢哪一种呢？

第一种：每天上午去公司一趟，和上司打个照面之后，打电话预约客户，然后去拜访客户；拜访完一个客户，回到公司里坐一会儿，再打电话约客户，再去拜访客户；中午回到公司，吃个工作餐，预约下午的客户，然后出去拜访客户。

第二种：一周来公司两天（周一、周二），这两天集中电话回访、预约客户；剩下三天（周三、周四、周五）用来拜访客户，由于周一、周二已经把该拜访的客户规划好了，并且电话预约了，周三、周四、周五便可以直接上门拜访；由于拜访完客户不用再回公司交接什么工作，所以可以连续拜访，并且可以根据客户所在地，有计划地拜访。比如，有两三个客户所在地比较靠近，可以根据出行路线对他们逐一拜访。这样就不用这儿跑一趟、那儿跑一趟。

对比以上两种工作方式，你愿意采用哪种呢？即便抛开第二种工作方式更加自由这点不说，大多数人也更愿意选择第二种工作方式，因为它减少了来回“折腾”，保证了工作效率，可以让人更轻松地应对工作。这就是把类似工作放在一起集中处理的好处，它减少了不同类工作之间的思维转换和停顿交接，节省了时间和精力，也节省了脑力和体力，是高效能人士常用的工作方法。

另外，由于你在某一时段集中处理某一类工作，在你不断重复这类工作时，你会熟能生巧，这能让你获得比单一做这类工作中的各项工作更高的效率。就像你在某一时段整理文件，整理了一会儿，你就会熟能生巧，找到更快捷的整理办法一样。

在工作中，有时候你面对的事情多如牛毛，而且各种事情的性质不同，这个时候该怎么处理这些事情呢？这就需要你花点时间思考这些事情之间有什么相同点和不同点。下面，我们以一位秘书的身份，列出一天中面对的各项工作，看看应该如何分类工作。

秘书早上来到办公室，面对的工作有这样一些：给上司泡一杯咖啡，打扫上司的办公室，整理上司桌子上的文件，邮寄一份材料给客户，打印一份文件，购买打印纸，写一份策划案，准备一份演讲稿，购买办公用品，为上司约见几位求职者。

看到这些工作，你是不是觉得脑子里乱乱的呢？到底该从哪里下手完成它们呢？下面我们来看秘书是怎么做的。

1. 将待办的工作归类

第一类：收拾打扫类工作。

打扫办公室，整理桌子上的文件，为上司泡一杯咖啡。

第二类：需要出门类工作。

购买打印纸，购买办公用品，打印一份文件。

第三类：电话预约类工作。

邮寄一份材料给客户，约见求职者。

第四类：耗费脑力类工作。

写一份策划案，准备一份演讲稿。

经过一番归类，看似杂乱无章、无迹可寻的工作就变得条理清晰了。

2. 按照轻重缓急排序

前面我们多次提到，高效能人士的工作方式就是按照工作的轻重缓急排出次序，然后逐一解决。作为公司的秘书，应该结合自身工作的性质——服务性质，进行排序：

（1）收拾打扫类工作（①整理桌子上的文件；②打扫办公室；③为上司泡一杯咖啡）。

（2）需要出门类工作（①购买打印纸；②购买办公用品；③打印一份文件）。

（3）电话预约类工作（①邮寄一份材料给客户；②约见求职者）。

（4）耗费脑力类工作（①准备一份演讲稿；②写一份策划案）。

当然，这种排序不一定符合个人的工作习惯，而且这些工作的轻重缓急因人而异，还需结合实际情况排序。

3. 充分考虑特殊因素

把类似的工作放到一起做，并不是死板的教条，它只是在实际情况允许的情况下所采用的一种高效工作方式。比如，上文说的一周两天去公司，剩下三天去拜访客户。要想做到这一点，前提条件是公司的制度允许这种坐班方式。秘书对工作进行分类并排序时，也要根据具体事务的轻重缓急。比如，总经理马上就要开会了，需要演讲稿，那么秘书就应该把准备演讲稿这项工作拿出来，放在优先位置做好。

职场忠告：

把相同性质的工作归为一类，集中在某一时段处理。

德鲁克：督促自己执行计划中的事项

我们应该将行动纳入决策当中，否则就是纸上谈兵。

——现代管理大师彼得·德鲁克

很多人喜欢计划：计划去旅游、计划去健身、计划开公司、计划读一本好书、计划看一场电影等。在有了这些计划之后，他们总是自我感觉良好，似乎一件事一旦有了计划，就好像做成了一样。然而，涉及计划的执行时，他们的表现又是另一种状态——坚持几次就失去了激情，最后以放弃收场。

有计划不去执行，比没有计划更糟糕。因为计划多了，人会陷入盲目的兴奋和自我感觉良好中，久而久之，就很容易变得只会做计划，不会去执行，最后变得自欺欺人。比如，计划一个创新项目，刚开始没多久就碰到了困难，接着冒出另一个创意，于是把精力放在新的创意上，把之前的创新计划丢在了一边。时间一长，计划也就失去了魅力，让人丝毫没有执行的热情。

所以，我们不能满足于只有计划，还必须督促自己跟从计划做事，坚决执行计划，这样才有可能把计划变成现实。在这方面，美国著名的心理学家加里·弗里斯特值得每一个渴望达成目标的人学习。

加里·弗里斯特是一个严格跟从计划做事的人，他曾在开门诊的同时，利用闲暇时间写了14本书。他是怎么做到的呢？原来，他有一个非常周密的计划，在这个计划里，他把写作放在首位，并设定了写作的时间，即每个周一的上午9:00~11:30和下午1:00~4:00。在这两个时间段里，他从不接电话、出差或做家务。

除了周一以外，每周还有两三天都会这样写作，但他最看重周一，因为他认为周一会为一周的工作定下基调。正是靠着这样始终如一地坚持按计划做事，加里·弗里斯特取得了高效的写作成果。加里·弗里斯特的故事说明了一个道理：要想出成绩，就必须做到时间固定、雷打不动、确保有效，也就是严格按照计划去做事。

1. 把你的目标分解成具体的步骤

在做一项工作之前，应该将这项工作分解成多个具体的步骤。这样可以在清晰的目标导向下，高效地达成目标。比如，你要给一位客户送一份重要的资料：第一步，要弄清楚那位客户的公司地址和在公司的时间，这就需要你打电话询问一下；第二步，根据对方的地址查询线路；第三步，结合你的时间安排和对方在公司的时间，找一个恰当的时间出发，把资料给客户送过去。

有了具体清晰的步骤，你是否觉得执行起来难度小很多呢？尤其是在面对较为复杂的工作时，假如不对其细分具体的步骤，你很可能会感到无从下手。所以，把目标细分为具体的步骤是很有必要的。事实上，细分后的每个步骤，就是一个很小的目标，通过完成这些很小的目标，一步步地实现大目标，整个过程会轻松很多。

2. 按照具体的行动步骤去行动

把大目标拆分成具体的行动步骤，意味着你可以轻松地把一切活动、所需要的工具，甚至工作地点的选择等都变得具体明晰可见，而不只是写一堆笼统的废话。有了明确的步骤后，剩下要做的就是按步骤执行。

现代管理大师彼得·德鲁克曾经说：“卓有成效如果说有什么秘诀的话，就是善于集中精力。卓有成效的管理者总是把重要的事情放在前面先做，而且一次只做好一件事。”怎样才能保证一次做好一件事呢？就是严格按照计划去做，确保计划执行的每一步都不受干扰、专注到底。为此，德鲁克还讲述了一个他亲身经历的故事。

德鲁克曾经与一位银行总裁一起工作两年，在这两年时间里，每个月他都有一次机会与总裁会晤，每次会晤的时间只有一个半小时。会晤之前，总裁总是事先做好充分准备，这也使德鲁克学会了事先做好准备的方法。

每次会晤他们只谈一个议题，谈到 1 个小时 20 分时，总裁就会对德鲁克说：“德鲁克先生，你能把我们所谈的内容归纳一下，并概括地说一说下次我们会晤的议题是什么吗？”等会晤时间满 1 小时 30 分时，总裁会站起来与德鲁克握手告别。

会晤持续了一年后，德鲁克终于忍不住问总裁：“为什么每次会晤你只给我一个半小时呢？”

总裁回答说：“很简单，因为我的注意力只能集中一个半小时，如果我们谈论一个议题超过一个半小时，我们的谈话就没有新意了。而如果我们的谈话时间少于一个半小时，重要的问题就无法谈透。”

每次会晤都在总裁的办公室进行，令德鲁克奇怪的是，在这期间从来没有什么电话骚扰，也不曾看到总裁的秘书在会晤期间进来报告什么，比如有重要的人物因紧急事务要求会见。

有一天，德鲁克提起此事，总裁回答说："我早就告诉我的秘书，在各种会晤期间，不接任何电话。当然，除非美国总统和我的太太打来电话，不过总统极少往这里打电话，而我的太太非常了解我的工作习惯，也不会打电话过来。至于其他的事情，一概由秘书当家，直到会晤结束后再向我汇报。"

为什么这位总裁能在会晤的一个半小时内，做到不被任何事务干扰呢？因为他可以做到严格按照计划去会晤，并且已经形成了一种习惯。这种习惯被他的秘书熟知，他的秘书也会积极配合，这才有不受干扰的会晤，才有高效的会晤。忠于自己的目标和计划，在正确的时间做正确的事，并把事情做到位，这是高效能人士的行事风格，也是通向成功的良好习惯。

职场忠告：

做计划不难，难的是坚持按计划做事，因为最难做的事是持之以恒地做容易做的事。

德鲁克：学会对无关紧要的事情说“不”

有效工作者做事必须先做首要的事情，而且要专一不二。

——美国管理学家德鲁克

一张写满烦琐待办事项的纸，一堆乱七八糟的文件……当你的办公桌呈现这样的状态时，你的工作已经成了一张被涂鸦的画布。如果不想让宝贵的时间付诸东流，不想让重要的工作被耽搁，不想让工作效率低下，不想让自己忙碌得毫无成效，你就有必要学会对无关紧要的事情说“不”。你要做的就是换一张画布，在上面标出重要的工作，并给他们排上次序。对于那些不太重要，甚至无关紧要的事情，你应该禁止它们出现在这张新的画布上。

古人说："有所为，有所不为。"身在职场，如果你想高效地工作，就必须明确哪些工作应该做，哪些工作不应该做。对于应该做的工作，全力以赴去做好；对于不应该做的工作，如果有时间就做一做，如果没时间就丢在一边。这样可以让你把有限的时间用在最需要完成的工作上，让你轻松地面对工作。

知名管理培训专家余世维曾说，不要花太多时间在小问题上，而要多花时间在重要的目标上。如果你把精力放在小问题上，就会忘记重要的目标，没有精力去完成目标。很多职场人士看起来很忙，其实常常都是瞎忙、乱忙，这种忙碌产生的结果往往是：花了 90% 的时间，对公司只做了 10% 的贡献，导致这种没有效率的忙碌的一个最主要的原因就是，过分地关注无关紧要的小问题。

美国著名管理学家德鲁克在《有效的管理》中指出，有效工作者做事必须先做重要的事情，而且要专一不二。什么叫专一不二呢？就是在做事时不受其他事情的干扰，不参与、不接触与此无关的小事，以保证集中时间和精力做好重要的事情。

的确，最容易陷入的情形就是忙碌，最难做到的就是有效地工作。要想避开这种低效工作的怪圈，进入高效工作的模式，最好的策略就是化繁为简，善于把复杂的事物简明化，把杂乱的工作简单化，以防止忙乱，保证获得事半功倍的工作效果。

具体的做法可以参考美中贸易全国委员会主席唐纳德·C.伯纳德给出的"三原则"。

原则 1：能不能取消它？

原则 2：能不能把它与别的事情合并起来做？

原则 3：能不能用简便的方法取代它？

在这三大原则之下，我们在检查分析每项工作时，应该首先问自己几个问题：

1. 为什么需要做这项工作?

为什么要做这项工作？是依据习惯而做，还是别人要求你做的？可不可以把这项工作省略掉，或者省略掉其中的一部分呢？通过问自己这些问题，想办法简化，甚至忽略这项工作，以避免它影响我们做重要的工作。

2. 如果必须做这项工作，应该以什么方式做?

如果这项工作必须做，应该以什么方式做？是边听音乐边做，是坐在办公桌前苦思冥想，还是求助于人？

3. 什么时候做这项工作最合适?

对于必须做的工作，早做晚做带来的连锁反应是不同的。如果有更重要的事情要做，那么手头的这项工作是否可以推后？如果放在闲暇时间去做，会不会影响重要工作的进展？

4. 谁来做这项工作更好?

当上司给你安排一项无关紧要的工作，而你手头正忙着重要工作时，你可以说明情况，建议上司安排别人去做。当你忙碌于重要工作，见到一旁的同事正闲着没事干时，你可以请他帮个小忙，让他帮你处理一些无关紧要的工作。这样可以帮你避免无关紧要工作的干扰。

5. 做好这项工作的关键是什么?

思考做好这项工作的关键是什么，就像前文所说，要找出解决问题的第一步，找到主要矛盾和关键症结。这样才能有的放矢，一举搞定这项工作。

职场金句：

不浪费时间，每时每刻都做些有用的事，戒掉一切不必要的行动。

——美国政治家本杰明 · 富兰克林

04

掌控时间：有效地利用分分秒秒

“时间最不偏私，给任何人都是一天 24 小时。时间也最偏私，给任何人都不是一天 24 小时。”这是著名生物学家赫胥黎说过的话，你怎么对待时间，时间就会怎样回馈你。

精英守则：尽量不要迟到

若非不可控因素，绝对不要迟到。

——精英守则

迟到是生活中一种十分常见的现象，很少有人敢拍着胸脯说：“我从来没有迟到过。”无论是上班，还是与朋友约会，迟到现象都可能发生。因为一个时间观念再强、再敬业的人，也预测不到路途上的意外情况，或许前方发生交通事故导致堵车，或许自己生病了身体不舒服，或许因为家里突发事情导致耽误了时间等，类似的原因是真实存在的。偶尔迟到并非什么罪过，不重视迟到问题，处处表现得消极懒散才是罪过。

对于迟到问题，常见的错误认识或处理方式有这样几种：

（1）有些人觉得迟到了没什么大不了的，不就是晚到公司几分钟吗？下班后在公司多待几分钟，把迟到的时间补回来不就得了？

质问：国有国法，家有家规，公司有制度、规范，按时上班是公司对员工的基本要求，你一人迟到，耽误的不仅是你个人的上班时间，还会影响公司的工作氛围。当大家都在专注工作时，你姗姗来迟，走进公司时会不会分散大家的注意力，影响大家的工作呢？

（2）有些人喜欢在迟到时给自己找借口，什么“路上堵车”“早上起床身体不舒服，比如拉肚子、头疼等”，想通过找借口来避免尴尬和惩罚。

质问：我们不排除上班迟到是因为路上堵车、身体不舒服等原因，但如果你总是以这样的理由为自己的迟到行为开脱，会不会太没有说服力，让人觉得虚假呢？为什么别人上班很少堵车，偏偏你运气那么差，隔三岔五地堵车？如果你真的经常堵车，那你为什么不早一点起床，提前一点出门呢？

（3）最令人讨厌的是，有些员工屡次迟到后，老板、上司批评，同事提醒，公司依据考勤制度罚款，员工始终不思悔改，继续任意妄为，根本不把迟到问题放在眼里，毫不在意上司怎么批评自己，同事怎么评价自己，摆出一副“我就迟到，怎么了”的厚脸皮姿态。

质问：频繁迟到，屡教不改，根本不把公司的制度和老板、上司，以及同事的感受放在眼里，摆出一副“死猪不怕开水烫”的姿态，这种人在公司工作的时间不会太长，如果他不改变自己，走到哪里都不会受欢迎。

身为一名职员，按时上班、踏实工作，这是最基本的职业素养。对于任何一家公司的老板来说，没有什么比员工按时上班、踏实工作更值得欣赏。哪怕在老板眼里，你的工作能力很一般，但你从不迟到所表现出来的敬业态度也会赢得他的尊重和赏识。时间久了，你的职业态度和心智也会不断成熟。

有一个女孩，大学毕业后有幸进入了一家大公司。公司地处远郊，每天上班都要早早地起床，公司的专车会在 7 点准时来接大家去上班。

深秋的一天清晨，她被闹钟吵醒后，又稍微眯了一会儿，也就比往常晚起5分钟，但这区区5分钟却让她付出了代价。当她急急忙忙地出门来到候车地点时，时间已经到了7：03，公司的班车已经开走了。站在空荡荡的马路边，她顿时惶恐不安、茫然不知所措，一种无助感向她袭来。

就在她懊悔沮丧的时候，她看见一辆白色轿车停在不远处的小区门口。她想起了曾有同事指着那个小区，告诉她那是公司老板的住所，那辆白色的轿车是老板的专车。她顿时兴奋起来，心想真是天无绝人之路。于是，她小跑至轿车跟前，悄悄地打开车门，坐在了轿车的后排。当她坐定后，心中为自己的聪明感到高兴。

为老板开车的司机是一位慈祥的大叔，他从反光镜里观察她多时了。当她坐定后，司机扭过头来对她说："这是老板的车，你不应该坐进来。"

"那有什么关系，老板也去公司，正好顺路把我带过去！"她说这话的时候有一种理所当然的感觉。

过了一会儿，她的老板拿着公文包过来了。当他打开车门，发现自己的座位上坐着一个女孩时，感到有些吃惊。不过老板很快认出了她，毕竟是自己的员工，在公司打过几次照面。她见老板吃惊，马上说："总经理，我刚才出门晚了3分钟，公司的班车走了，我想坐你的车去公司。"她以为这个请求合情合理，老板肯定会答应，因此说话的语气十分轻松随意。

可没想到，老板愣了一下之后，很直截了当地拒绝道："不行，你没有资格坐这车。"然后用无可辩驳并且无情和冷酷的语气命令道："请你赶紧下车！"

她简直不敢相信自己的耳朵，她怎么也想不到，一个堂堂大公司的总经理居然小气到连这么小的忙都不肯帮。她意识到，如果自己下车很可能会迟到的，而公司对员工迟到又有很严厉的惩罚制度。于是，她用近乎乞求的语气对老板说："我会迟到的。"

"迟到是你自己的事，后果应该由你自己承担。"老板的语气还是那么冷淡。

她知道老板不肯帮忙，于是把目光投向和蔼的司机，可司机看着前方一言不发。委屈的泪水在她的眼眶里打转，然后她坐在车上沉默良久，她想以这种方式对抗，试图让老板心软下来，答应她的要求。

就这样，他们在车上僵持了几十秒钟，气氛十分压抑。突然，老板打开车门，拿起公文包下车了。然后，在寒风中拦下一辆出租车飞驰而去。看到这一幕，她的泪水再也控制不住地流淌下来。

司机轻轻叹了一口气，说："老板就是这样的人，他非常严格，非常有原则。时间长了，你就会了解他，他不答应带你走，其实是为你好，是真正地帮你。"

司机说："我也迟到过，当时公司处于创业阶段，那一天他没有给我任何解释的机会，从那以后我再也没有迟到过。"

她默默地记下了司机的话，擦了擦泪水下了车，然后打了一辆出租车去公司。当她踏进公司时，正好踩着上班的点。虽然打车花了她一百多元钱，虽然被老板拒绝后她感到很没面子、很沮丧，但这次经历让她意识到迟到会带给自己多大的"耻辱"。从那以后，她给自己定下一条原则：永远不要迟到。

永远不要迟到，这是职场精英们的行为准则，也是任何一个有自尊、有羞耻感的人对自己的要求。毕竟迟到不是什么光彩的事情，不会让人对你产生好感，因此如果你真的在乎自己在老板、上司和同事们心中的形象，真的想维护自己的尊严，而不让自己有羞耻感，那么请告诉自己：若非不可控因素，绝对不要迟到。为此，你有必要做到以下几点：

1. 尽量早一点出门，给途中多预留一点时间

对于上班这件事来说，除了途中的时间不可预知以外，其他的时间都是可以计算和规划的。比如，早上几点起床，穿衣、洗漱、准备早餐等要花多少时间，这些都是可以计算出来的。然后，往前推出你的起床时间，往后推出你的出门时间，再根据你的出门时间和上班时间，算出途中所花的时间。

这是一道非常简单的数学题，相信没有人算不出来。真正算不出来的是途中实际所花的时间，这是一个变化的数字，因为每天的交通状况都不一样，公交车出现的时间有变化，天气状况有差别。这些外在因素都有可能导致你在上班途中所花的时间出现变化。

你要做的就是尽量早点出门，给途中预留多一点时间。假设正常情况下，你在途中要花 1 个小时才能到达公司，那么你可以提早 15 分钟出门，给途中预留 15 分钟的时间，以应对突发状况，比如堵车。如果你预留 15 分钟，最后上班还是迟到了，那么第二天你可以预留 30 分钟，以保证你能准时到达公司。

2. 当迟到难以避免时，要有积极的应对姿态

"天有不测风云，人有旦夕祸福。"有时候你运气不好，早出门半个小时也无济于事，迟到还是无法避免。比如，前方道路发生交通事故导致大堵车，你乘坐的公交车走不了；你想下车打车，但路都被堵死了，出租车也走不了。这个时候你除了等待以外，还能做什么呢？

除了等待，你当然可以做点别的，比如打电话给上司，向他说明情况；打电话给同事，让他代你向上司请个假，这是迟到后应有的积极态度。记住，一定要打电话请假，千万别发个消息请假，那样上司可能无法及时看见，无法了解你的情况。即便上司看见了，也没有电话沟通直接，没有电话沟通显得重视。

3. 迟到之后回公司，少找理由解释，多用行动说话

迟到了就是迟到了，勇于承担后果，默默接受惩罚，没有什么好解释的。除非上司主动询问原因，否则你最好闭上嘴巴。你要做的是积极地工作，想办法有效地利用分分秒秒，弥补迟到造成的时间损耗。如果迟到的时间太长，当天的工作完不成，你可以选择下班后留下来继续工作，以保证迟到不影响工作进展。如果你能做到这点，相信你会赢得上司和同事的尊重和赞赏。

小测试：迟到测试你的工作态度

在上班途中，因特殊情况出现，随时可能迟到，这时你会怎么做？

A. 听天由命，顺其自然，能什么时候到公司就什么时候到公司，不强求。

B. 对准时到达失去信心，干脆请假返回家中，不去上班了。

C. 打电话回公司告诉负责人：你遇到了意外，可能会迟到。

D. 觉得遇到意外，迟到可以被原谅，没什么好着急的。

E. 采取一切办法，务必准时回到公司。

解析：

选 A 表明：你对工作比较消极，经常抱怨、发牢骚，工作不积极。建议：放下抱怨，积极工作。

选 B 表明：你不太喜欢工作，你觉得工作会影响生活，经常找借口请假、不上班。建议：不要再找借口，做个敬业的员工。

选 C 表明：你对工作认真，基本上是个工作狂，但你会有选择地对待工作，对于自己感兴趣的，你会积极去做；反之，就可能消极应对。建议：从不喜欢的工作中发现乐趣。

选 D 表明：你是个不太重视工作的人，对你来说，工作只是赚钱的手段，所以你经常工作一段时间，就想休假。建议：从工作中发现乐趣。

选 E 表明：你是个超级工作狂，有很强烈的责任感，工作交给你必定会做好，你在公司很受大家的欢迎。建议：继续保持。

高效能人士：用好每天上班的第一个小时

一年之计在于春，一天之计在于晨。

——谚语

很多人来到公司上班，第一个小时往往会被杂七杂八的琐事浪费掉，迟迟进不了工作的状态。最常见的就是吃早餐、看新闻、刷微博、刷微信、聊QQ，或和同事闲扯几句，或拿着抹布抹一抹桌子，收拾一下办公桌上的文件，再倒一杯水，去一趟洗手间，等等。就是这样的小事让很多人白白耗费了上班的第一个小时。

大家通常早上9点上班，白白耗费了一个小时后，就到10点了。从10

点到 12 点只有两个小时的工作时间，这就是很多人觉得上午过得那么快，工作效率那么低的原因。其实并非上午时间走得快，而是因为他们浪费了一个小时，让上午的工作时间足足缩短了 1/3。

上班的第一个小时是非常重要的，它不仅关系到这一个小时内的工作效率，还会影响整天的工作安排和效率。高效能人士明白上班第一个小时的重要性，也知道如何聪明地使用它。高效能人士懂得在上班的第一个小时内把“噪声”剔除，然后把精力放在一些重要的事情上。我们看看他们是怎样利用这一个小时的：

1. 花些时间思考未来几天的工作并制订计划

上班的第一个小时，最好不要火急火燎地做事。当然，更不要做与工作无关的事情。最好能花些时间深思熟虑一下，对未来一段时间内的工作进行展望和计划。比如，确定一个短期或中期目标，思考一下眼下的工作进展和未来几天努力的方向。然后设定一个当天的工作量，并进行时间上的细化——比如上午要完成多少工作量，下午应该完成多少工作量。有了这个清晰的计划后，这一天的工作就不会陷入盲目状态了。即使这一天工作很忙，也不会是瞎忙，而会忙出高效率。

2. 检查昨天的待办事项清单，更新今天的待办事项

昨天的待办事项都完成了吗？今天又有哪些待办事项？对于这两个问题，高效能人士每天上班的第一个小时就会解答好。他们首先会拿出昨天的待办事项清单，看上面的待办事项是否都完成了，如果有未完成的，那么结合今天的待办事项，他们会将未完成的事项挪到今天的待办事项清单里，并结合今天待办事项的重要性，重新排列一个先后次序。这样就能做到心中有数，知道哪些事情可以提前做，哪些事情可以延后做。

有些高效能人士还会结合这些待办事项的难易程度，分别为它们设定完成的时间。比如，上午 9:30~10:00 这一时段做什么，10:05~10:45 这一时段做什么。做出非常具体的时间表，这样每一时段做什么、要做多少工作，他

们心中都很清楚，以保证每个时段都能保持较高的工作效率。

3. 查阅电子邮件，系统地处理电子邮件里的工作问题

有些人认为早上看电子邮件不好，因为那样会让工作变得被动，但实际上恰恰相反，查阅电子邮件，及时处理里面的问题，会让你的工作变得主动。为什么这么说呢？我们可以假设：如果昨天晚上有客户给你发邮件，让你提供产品报价，或在邮件里投诉你们的产品，而你没有在今天上班的第一个小时内处理，这会不会让客户觉得不受重视呢？

如果上班的第一时间不处理，难道要等到客户打电话催促你吗？当然不要，一旦客户打电话催促你，你就被动了，因为那时候你可能正在按计划工作，正在做着重要的工作，而客户来电话要求你做什么，你又不得不放下手头的工作。与其可能会被打断，倒不如上班的第一时间就查阅邮件，及时回复邮件，把该处理的事情系统地处理掉。然后，按照计划完成一天的工作。

4. 与团队成员进行沟通，而不是急着处理“人际冲突”

身在职场，工作很多时候不只是一个人的工作，你的工作可能涉及与团队配合，可能要与同事合作。因此，与团队成员保持良好的沟通是必要的。在上班的第一个小时，趁着大家还未进入工作状态，赶紧与相关的团队成员接洽一下工作，商量一下工作中的问题，这是促进合作、融洽团队气氛的有效途径。

如果你在公司中存在“人际冲突”，在上班的第一个小时不要急着去解决。因为早晨大家急急忙忙地来到公司，情绪处于亢奋状态，甚至可以说处于紧张状态。这个时候处理人际冲突不太合适，应该等几个小时，等大家情绪放松下来了，再去解决人际冲突。比如，中午吃饭时，主动和与你有矛盾的同事坐在一起，边吃边聊；或下午茶时间，与你的同事一起喝杯咖啡、喝杯茶，聊聊不愉快的冲突，这样就很容易化解矛盾冲突了。

每天上班的第一个小时就做好这样几件事，事实上做好这样几件事并不需要花费一个小时。如果真是这样，你可以抽出几分钟整理一下桌面，给自己泡上一杯醒脑或者养颜茶，然后提前进入工作状态（不必非要到10点才正式工作）。请严格按照你的计划去工作，充分利用每一时间段完成相应的工作任务。这样等到下班时，当你看见待办事项清单上的工作被逐一做完时，你会感到非常充实，觉得这一天是高效的。

职场金句：

时间是最宝贵而有限的资源，不能管理时间，便什么都不能管理。

——现代管理大师彼得·德鲁克

阿兰·拉金：善用你的零碎时间

记住你一定可以有时间做那些对自己重要的事情，这并非因为你比常人有更多时间，而是因为你能够通过认真规划来为自己“制造”出更多时间。

——美国作家阿兰·拉金

每一天我们都有很多时间碎片，对于上班族来说尤其如此。比如，等公交车、等地铁、等飞机等的时间，再比如与客户见面前等候的时间，应酬吃饭时等待朋友和同事的时间，等等。别小看这些时间碎片，积少成多给你带来的效果是非常可观的。这就和小额投资的道理差不多，今天节省 10 元，明天节省 8 元，如果你每天都能节省几元钱并存起来，一年下来就是一笔很可观的数目。同样的道理，如果你每天有效地利用一些零碎时间，哪怕三五分钟，日积月累就足以让你成功。

数学家华罗庚曾经说：“成功的人无一不是利用时间的能手！”看看古往今来那些有成就的人，哪一个不是善用零碎时间的高手？欧阳修曾经对别人说：“我平生所作的文章，多是在‘三上’，即马背上、枕头上、厕座上。”大发明家爱迪生 79 岁时朋友却说他有 135 岁，理由是他工作时非常专注，把能利用的零碎时间都用上了，经常一天完成两天的工作，工作效率非常高。

日本航空运行技术性能组的组长松山真一有一个习惯，就是每天阅读一本书，读完之后还会写书评，然后上传到网络。由于他见解独到，评论精妙，他的很多书评都被网友反复转载，读者不下 10 万之众。

每天读一本书，还写一篇书评，这可是利用闲暇时间做的，松山真一是怎么做到的呢？原来，他每天早晨 6 点准时起床，赶搭头班车上班。由于住所离公司较远，去一趟公司要坐将近两小时的车，因此松山真一就利用坐车的时间读书。这种读书不是为了打发时间泛泛地读，而是非常认真地研读。

每天上班近两小时，下班近两小时，都是松山真一的阅读时间。由于他阅读专注，效率很高，所以每天基本上能看完一本书，于是回到家里，他就利用空闲时间写一篇书评。一切就这么简单。

事实上，天才和平常人之间并没有天壤之别，也许最初他们的区别就在于对待零碎时间的态度，在于是否懂得充分利用零碎时间。经过长时间的积累，两者的差距就慢慢拉开了。比如，每天上下班包里装一本书，或揣一份文件，等公交或地铁、坐公交或地铁时拿出来看一看，积累一些知识，构思一些创意，或等候电梯、排队购物时思考工作上的一些计划和问题，回到公司之后立刻把所思考的结果记录下来，这样不就省去了做计划的时间吗？

关于如何利用零碎时间，美国作家阿兰·拉金在他的《如何掌控自己的时间与生活》一书中，描述了一个叫“瑞士奶酪”的时间管理方法。瑞士奶酪是一种有很多小孔的白色奶酪，阿兰·拉金把这些小孔比作零碎时间，建议人们在一个比较大的任务中使用“见缝插针”的办法利用零碎时间，而不是消极地等待整块的时间段出现，再去做自己的工作。

“瑞士奶酪”时间管理法告诉人们：应该看重每一小段时间的价值，无论这段时间多么微小，哪怕只有三五分钟，也可以帮你完成一些工作。假设你做一项工作需要花费 10 个小时，这并不意味着你要用一天中连续的 10 个小时来完成它，你完全可以见缝插针地利用若干个 5 分钟、10 分钟、15 分钟去完成这件事的多个步骤。当你这样去做了，你就会发现零碎时间的神奇力量。

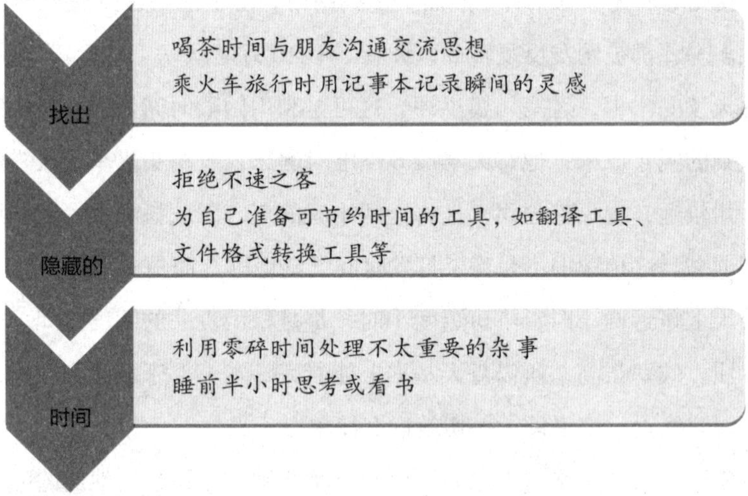

这种时间管理法的最大好处是“务实”，相对于大块的时间段，你更容易找到 10 分钟、15 分钟、30 分钟这样的零碎时间段。如果你看不上这样的零碎时间，始终要等到有一大块空闲时间出现，那你可能要一直等下去。即便你等到了这样的大块时间，当你进入工作状态时，一旦有人打扰了你，你也可能不想继续工作下去了。因为你的大块时间被分割了，你又想等待下一个大块时间，这样你就很容易变得拖延而没有效率。

事实上，利用好零碎时间并不是什么难事，但零碎时间很不起眼，很容易被人们忽视。现在，在你意识到零碎时间的重要性之后，你有必要行动起来，把你生活中、工作中的零碎时间恰到好处地用起来，为提高你的工作效率、充实你的内心世界而服务。

1. 拿出笔和纸，记录你的零碎时间

在利用零碎时间之前，你有必要检查一下自己每天的时间都用在了哪里，哪些地方有零碎时间并且可以被利用起来。你可以拿出纸和笔，把每天的活动时间都记录下来，从中发现哪些零碎时间被你浪费掉了。

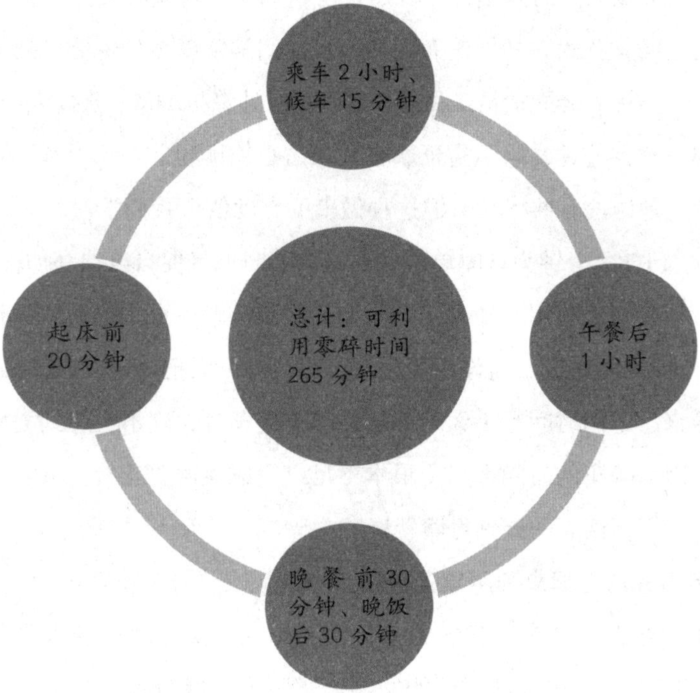

看到这个零碎时间统计，你是否会惊讶呢？原来自己每天有这么多时间被浪费了（当然，每个人的具体情况不一样，这个时间统计数据也会有所差别）。意识到这一点之后，你可以做个计划，把适合的待办事项安排到这些零碎时间段中做，比如看书、联络客户、思考计划等。

值得一提的是，在利用零碎时间时，你要有一种积极的心态，不要总想着“只有 5 分钟，能干什么”，而要不断提醒自己“还有 5 分钟，我要充分利用它”。而且在利用零碎时间时，就要专心做事；如果想娱乐放松时，就尽情地放松，切不可做事的时候想放松，放松的时候又惦记着事情没做完。

2. 始终以较小的时间单位办事

以较小的时间单位办事，这是“瑞士奶酪”时间管理法的重要精髓之一。许多科学家、企业家、政治家在工作时，都喜欢采用这种方法，他们会把时间细化到小时、分钟，比如做某项工作，规定自己在30分钟或1个小时内完成。而我们一般会以天为时间单位，规定自己在几天之内完成某件事。

在这方面，犹太人的做法尤为典型，他们常常以1分钟能赚到多少钱的概念来工作。犹太老板请员工做事，是以小时计算报酬的；犹太人会见客人，会把时间精确到分钟，绝不拖延。客人来访必须预约，否则很可能被拒绝接待。虽然这种做法有些极端，但这种做事的态度值得我们学习。

当你以小时、分钟为计时单位时，就会不断地督促自己快马加鞭地工作，这也便于你更好地利用零碎时间。比如，你要构思一个广告创意，并规定自己在20分钟之内完成。当你在等公交车时，就可以把等待的时间利用起来。如果你给自己定的时间是1天，那么你等公交车时，就不会想到去构思广告创意了。因为等车的时间太短，根本不足以完成你需要花费一天去完成的工作。对比一下，两者的差别毋庸置疑。

3. 借用先进工具来利用零碎时间

对于一些在大城市工作的人来说，要想在公交车或地铁里拿着一本书不受干扰地阅读，几乎是不可能的事情。因为大城市人太多了，地铁里甚至没有站脚的空隙，又怎么看书呢？当你身处拥挤的空间时，如果环境条件不允许利用零碎时间，那就不要勉强。这是利用零碎时间很重要的原则之一。

另外，如果你善于借助先进的工具，对提高你对零碎时间的利用效率是有帮助的。比如，现在大家都用智能手机，完全可以在手机上看书；很多人还有非常小巧的平板计算机，就可以利用它来办公。当你乘车、乘坐地铁时，完全可以利用这个时间与客户通电话，这样可以帮你省去在办公桌前打电话的时间。

4. 利用零碎时间来休息

从来没有人说一定要利用零碎时间工作或学习，也没有人强迫你这样做。事实上，科学健康的工作方式是劳逸结合，利用零碎时间也不能违背这个健康工作的原则。因此，在你利用零碎时间工作或学习的同时或间隙，你也可以利用零碎时间休息。比如，利用吃饭时间和饭后的短暂时间陪家人散步，和朋友通电话；还可以利用上班期间上洗手间或倒水的时候，深呼吸一下，伸个懒腰，看看窗外，放松一下眼睛和大脑。别小看这样短暂的休息，对于身心压力巨大的上班族来说，这是十分重要的休息和调整，所以千万不要忽视它的作用。

职场金句：

时间是最不偏私的，给任何人都是一天 24 小时。时间也最偏私，给任何人都不是一天 24 小时。

——英国生物学家赫胥黎

番茄工作法：给每项工作准备专门的时间

如果没有时间约束，我可能会在各种事情上不断变换思路，我想同时学习很多东西，但实际上却收效甚微。

——番茄工作法的创立人弗朗西斯科 · 西里洛

有个人开车来到加油站，停在全套服务区。三名工作人员快速迎了上来，第一位给他洗车，第二位给他检查机油，第三位给轮胎充气。他们很利索地做完工作后，车主给了他们 10 美元，然后就把车开走了。

两分钟后，车主再次回来，这三个人又迎上来。车主说："不好意思，我想知道为什么你们没有给我的车加油？"三个人面面相觑，原来他们匆忙之中，忘记了给车主的车加油。

在工作中，你是否会忙碌得忘记某些事情，甚至是重要的事情？你是否会给每项工作预留专门的时间，在这一时间里专心地做这件事？如果你想成为职场的高效能人士，就必须认真对待这个问题，否则你会越忙越疲惫，越忙越没有效率。

某公司有一名年轻的员工，他是一个很上进的年轻人。在工作期间，他还要参加自学考试，还参加了一个篮球俱乐部，经常在周末和俱乐部的成员一起打篮球，同时还交了女朋友，经常要抽时间和女朋友约会。同一时间面对多项重要的事情，年轻人经常忙得不知所措。上班时间，他经常和女朋友聊 QQ，有时还会打电话，这直接影响了工作效率，让老板很不满意。

下班后，他和女朋友约会，却时不时在手机 QQ 群里和篮球俱乐部的队友聊天，这影响了他与女朋友的约会质量，令女朋友很不爽。女朋友多次劝告他，约会的时候就好好在一起聊天，别被其他事情干扰，否则就别约会了，处理完了那些事再约会。可是，他对此不以为然，这让女朋友觉得他不重视自己，影响了他们的感情交流。

晚上学习自考课程时，他又惦记着女朋友，时不时跟女朋友献几句殷勤，这又影响了他的学习。就这样，年轻人在几件事情中频繁地分心，注意力难以集中起来，几件事做得都不好。

后来，年轻人的一位朋友提醒他："你这样下去是不行的，到时候什么都干不成！我建议你在一个时间段就做一件事，不受干扰地做这件事。"年轻人接受了朋友的建议，给自己做了一个规划，并将这个规划告诉女朋友，而且得到了女朋友的支持。这个规划是：

（1）每天上班时间，不准聊 QQ、发短信、打电话。工作时间，全身心投入工作，尽最大努力创造好的业绩。

（2）每天下班后至 8 点，这段时间属于与女朋友的交流时间，可以通电话、可以短暂地见面。晚上 8:00~10:30 为学习自考课程的时间。10:30 至上床睡觉之前，为谈情说爱时间，主要用来与女朋友交流。

（3）每个周末留出半天时间（周六下午或周日下午）去俱乐部打篮球，强身健体，放松身心。

（4）每个周末留出半天时间陪伴女朋友，或逛街，或购物，或看电影，或喝咖啡，这些活动必须保证在半天之内完成。

（5）每个周末留出一天时间学习，学习期间不接受女朋友的短信和电话，以免受影响。

有了这个规划之后，年轻人知道在什么时间应该做什么事，知道什么事情应该在什么时间做。条理很清晰，不再考虑应该做什么，并且他真的做到了严格按照计划执行，而且坚持了两年，最后取得了爱情、事业、学业三丰收。

在你钦佩年轻人的坚持和执行力之余，你有必要注意：如果同一时间面对太多的事情，难以预留专门时间，你可以根据事情的重要程度有所取舍。比如，上面的例子中，学习、工作、恋爱这三件大事都很重要，无法取舍，但是打篮球可以暂时放下，以便有更多的时间来做这三件大事。当然，这具体要看个人的意愿和应对能力。

在高效能人士看来，工作效率 =(生活 + 目标)– 干扰。“生活 + 目标”即平衡好工作与生活，在此前提下，在工作时尽可能排除干扰，以提高单位时间的工作效率。为此，你应该做到以下几点：

1. 找出你的工作目标，尤其是最重要的目标

工作目标，就是你要做什么事情。这个事情应该是具体的，而不是笼统、模糊的。你在同一时间要做的事情可能很多，比如一天要完成多项工作。对于这些工作，你应该按照轻重缓急排列顺序，把最重要的工作放在首位，这一点前面我们多次谈到，在这里就不再赘述。

2. 找出你的最佳时间段，并安排到各项工作上

最佳时间段有两种含义：

（1）这个时间段是不受干扰的。在这个世界上，很少有人喜欢在受干扰的环境下工作。在受干扰的情况下还能取得比不受干扰时更高的工作效率，这样的人就更少了。对于绝大多数职场人士来说，找出自己不受干扰的工作时间段很重要，因为找到了这个时间段之后，可以把最重要的工作安排在这个时间段，保证高质量地完成工作任务。

有一名员工有个习惯，他每天上班都会提前一个小时来到公司（同事们 9 点来到公司，他 7:50 就来到公司）。他之所以提前来到公司，是因为他要给自己找一段不受干扰的时间，以完成每天最重要的工作。有时候，最重要的工作一个小时无法完成，他甚至会提前两个小时来到公司（他有公司的钥匙，这一点很关键）。

通过这种工作方式，他每天在 9 点正式上班时，最重要的工作已经圆满地完成了，他感到轻松许多。剩下的时间可以做别的工作，这很好地保证了他的工作业绩，保证了他每个月都有不菲的薪水。

（2）这个时间段是你工作的高效时段。有些人在清晨工作效率高，有些人在上午 10 点至 12 点工作效率高，有些人在下午 3 点至 5 点工作效率高，有些人在夜深人静的晚上工作效率高。就像人的记忆黄金时段一样，每个人都有自己的高效工作时间段。如果你能找到自己的高效工作时间段，并且把最重要的工作安排在这个时间段，就能保证取得高质量的执行效果。

3. 安排好最重要的工作之后，再安排其他工作的时间

在安排好一天中最重要的工作之后，剩下的工作也有必要逐一安排到特定的时间段。10 点到 11 点应该做什么，11 点到 12 点应该做什么，1 点半到 2 点半应该做什么，这些你都应该了然于心。即便你每天只有一件事要完成，你也可以把这件事分割成多个小块，以 1 小时为单位，安排到各个小时内。这样你每完成一小块工作，就离这一天的工作目标更近一步，从而获得成就感，这种感觉会促使你更积极地工作。

TIPS：番茄工作法

原则

1. 一个番茄时间（25 分钟）不可分割，不存在半个或一个半番茄时间。

2. 一个番茄时间内如果做与任务无关的事情，则该番茄时间作废。

3. 永远不要在非工作时间内使用番茄工作法。（例如，用 3 个番茄时间陪儿子下棋，用 5 个番茄时间钓鱼，等等。）

4. 不要拿自己的番茄时间数据与他人的番茄时间数据比较。

5. 番茄时间的数量不可能决定任务最终的成败。

6. 必须有一份适合自己的作息时间表。

目的

1. 减轻时间焦虑。

2. 提升集中力和注意力，减少中断。

3. 增强决策意识。

4. 唤醒激励和持久激励。

5. 巩固达成目标的决心。

6. 完善预估流程，精确地保质保量。

7. 改进工作学习流程。

8. 强化决断力，快刀斩乱麻。

做法

1. 每天开始的时候规划今天要完成的几项任务，将任务逐项写在列表里（或记在软件的清单里）。

2. 设定你的番茄钟（定时器、软件、闹钟等），时间是 25 分钟。

3. 开始完成第一项任务，直到番茄钟响铃或提醒（25 分钟到）。

4. 停止工作，并在列表里该项任务后画个“×”。

5. 休息 3~5 分钟，活动、喝水、方便等。

6. 开始下一个番茄钟，继续该任务。一直循环下去，直到完成该任务，并在列表里将该任务划掉。

7. 每 4 个番茄钟后，休息 25 分钟。

在某个番茄钟的过程里，如果突然想起要做什么事情——

1. 非得马上做不可的话，停止这个番茄钟并宣告它作废（哪怕还剩 5 分钟就结束了），去完成这件事情，之后重新开始同一个番茄钟。

2. 不是必须马上去做的话，在列表里该项任务后面标记一个逗号（表示打扰），并将这件事记在另一个列表里（比如叫作“计划外事件”），然后接着完成这个番茄钟。

富兰克林：用“现在就做”向拖延症宣战

如果有什么需要明天做的事，最好现在就开始。

——美国政治家本杰明·富兰克林

“着什么急？慢慢来嘛，反正还有时间！”这句话大家一点都不陌生，也许你就爱说这样的话。身在职场，你可以有“慢慢来”的沉稳心态，但决不能有磨蹭、拖延的做事习惯。一个满脑袋装着“慢慢来、反正还有时间”的人，以为慢工可以出细活，却不知最后往往得到的不是“细活”，而是“赶活”，试问：赶出来的工作，质量能好到哪里去呢？

下面，让我们来分析一下拖延症患者是怎么“赶活”的：

拖延症患者通常是时间观念较差的人，他们先是过分模糊地估测时间，然后是过分清晰地预判时间。模糊估测时间表现为，面对一项工作时，很难准确地判断完成的期限。

如果他们认为一项工作一天能完成，他们就会想：上午完不成没关系，下午还可以继续；下午完不成也没关系，晚上能完成就行。

如果他们认为一项工作一个星期能完成，他们就会想：一个星期是7天，周一完不成不要紧，周二可以继续；周二完不成也不要紧，周三可以继续；周三完不成还不要紧，周四可以继续……

如果他们认为一项工作需要一个月完成，他们就会想：一个月就是4个星期，第一个星期完不成不要紧，第二个星期可以继续；第二个星期完不成不要紧，第三个星期可以继续……

如果一项工作的完成期限超过了一个月，那就更惨了。拖延症患者会想：反正时间多的是，不用急着去做。于是，你简直不知道他们什么时候开始行动。拖延症患者最常见的心理，如下图所示。

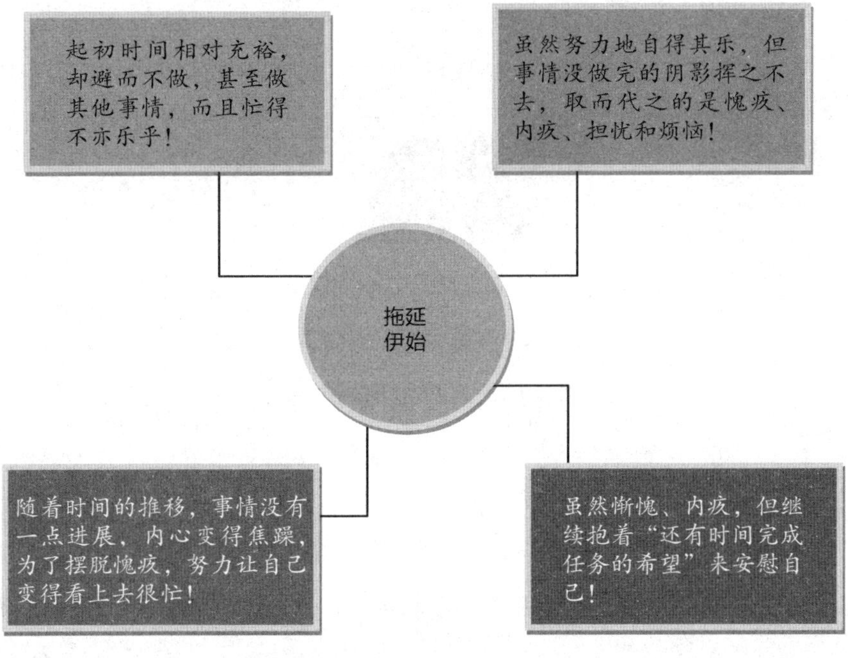

这就是拖延症患者的心理状态，他们好像永远都不着急，因为他们总觉得还有时间。这是他们对时间模糊估测造成的结果。在前期，他们会过度高估自己的实力，认为自己完全有能力在剩下的时间内完成工作，所以拖一拖完全不是问题。

在后期，随着时间期限的逐渐临近，他们对时间的概念变得异常清晰——怎么时间过得这么快，还剩下这几天，怎么能完成工作呢？于是，他们逼自己坐在计算机前面废寝忘食，疯狂地赶报告、赶文件。每隔几小时，他们就会统计一下时间，并且会不停地计划剩下时间里的工作量，拼命地催促自己快一点。

如果最后他们顺利“赶完”了工作，他们会庆幸自己多么有能耐，会为自己的表现感到自豪，下一次他们会重走拖延之路。如果没能“赶完”工作，他们会变得沮丧，会想办法为自己找借口解释，请求上司宽限时日。

到底要不要做？

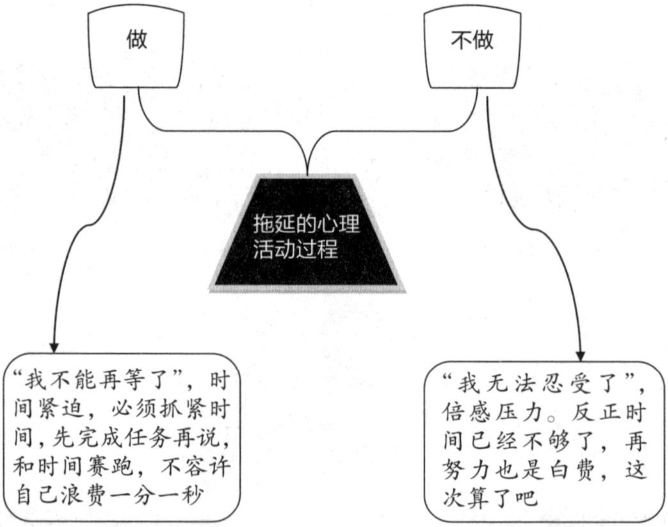

自古以来，拖延几乎都与高效无缘，因为靠“赶活”赶出来的工作质量难有保证。不仅如此，拖延还是不健康的心态，甚至会扮演健康的杀手。试想一下，当拖延症患者发现时间不多时，拼命地“赶活”会不可避免地加班加点，这与以往懒散的状态截然不同，身心突然承受如此高负荷的工作，有几个人能受得了？

所以，拖延的后果是严重的，耽误工作，影响情绪，破坏团队协作，影响上司对自己的信任，还会损害身体健康。那么，拖延的“病根”究竟是什么呢？在解决拖延症之前，我们必须搞清楚这个问题。通常情况下，拖延症有以下几大“病根”。

病根 1：对自己的能力不够自信，容易逃避。

从心理层面分析，大多数人拖延是对自己的工作能力不自信导致的。心理专家研究发现，工作上曾遭遇重大挫败、对自己不自信的人，容易产生逃避心理。他们认为自己的能力不足以胜任工作，不能很好地完成任务，于是拖延、徘徊，迟迟不开始工作，还经常以工作难度太大、自己太累、状态不好、时间充足等为借口来拖延。

病根 2：具有完美主义心理倾向，要求太高，不想仓促开始。

具有完美主义心理倾向的人，对自己要求很高，他们在做任何事情之前都会周密计划、精心准备，而迟迟不愿意迈出行动的第一步。比如，有一位广告策划人员，每次策划一个广告之前，都会大量地寻找资料，多方阅读同类的广告文案，有时候甚至是漫无目的的。这就是典型的完美主义心理倾向导致的拖延。

病根 3：具有严重的消极颓废心理，觉得什么事都很难做。

一个内心不积极上进的人，表现出来的是懒散、颓废，觉得什么事情都不好做，他们喜欢给自己找借口推脱。比如，为什么不让别人做，而要我做？我偏不做，就算做我也要拖着。有时候，虽然明知逃避不了，最后还是要做，但他们还是会选择用拖延来消极对抗。

病根 4：过度自信，错误地估计时间进度。

一开始过于自信，高估自己的能力，错误地估计时间进度，认为自己根本不需要这么多时间就可以完成，认为还有很多时间，所以一开始表现得不慌不忙，最后快把时间拖没了时，才慌张地追赶进度。

综上所述，你会发现：拖延行为并不完全是懒惰或没有责任心的表现，从根本上说，拖延不是道德问题，而是一个复杂的心理问题。因此，如果你是拖延症患者，也大可不必自责，最重要的是找到正确的方法消除拖延心理，让自己成为积极的行动者，成为高效的时间管理者。下面几点建议对消除拖延症病根很有帮助，你不妨尝试一下：

1. 提高对时间的预测能力

前面讲到，拖延症患者往往在接到任务的前期会模糊地判断时间，错误地判断时间，而不能精确地预测完成一项工作究竟要花多少时间。有时候他们会低估所需的时间，比如“我一个小时就能搞定这个策划案”“两天就能看完《战争与和平》”。有时候他们会高估所需的时间，比如“拿下那个大客户最少要一个星期的时间”“对方是个难缠的家伙，要想从他那里要回债款，不能急于求成，要慢慢来，最少要一个月时间”。这两种预测时间的做法所造成的结果是一样的，就是会使人无所事事，迟迟进入不了工作状态。

要想尽可能精确地预测时间，你必须先练习时间预判能力。你可以在做一项工作之前，先预测一个可能花费的时间，然后按照你的正常速度去做，看你实际使用的时间是多少，与你预测的时间有多少出入。比如，早上起床时，预测一下穿衣、洗漱、吃早餐等需要花费的时间。当你出门的时候，看一下时间，看自己预测得准不准。再比如，当你坐上开往公司的公交车时，你可以预测大概的到达时间。当你从公交车上下来时，看一下手表，看自己预测得准不准。通过这样的预测练习，你会慢慢树立正确的时间观念，这对你预测完成一项工作的时间很有帮助。

2. 制订一个靠谱的计划

当你能够预测一项工作要花多少时间完成以后，你要做的就是根据这个预测的时间，列一个简单的工作计划。举个很简单的例子，假如一位作家要写一本 10 万字的书，他预测写完这本书要花 2 个月的时间，接下来他做了一道简单的计算题：

10 万字 ÷2 个月（60 天）=1666 字 / 每天。

通过分解目标（10 万字），发现每一天的工作量十分清晰（1666 字），而且这个工作量并不多，完成起来很轻松。唯一要做的，就是按照这个计划执行，坚持执行 60 天，就可以轻松完稿。

当然，如果作家做完这道计算题之后，发现每天 1666 字的写作量太少了，他可以通过增加每天的写作量来计算完稿的时间。假设他预计每天写 3000 字，那么写完 10 万字只需 33.3 天时间。再结合合作方的要求，协商出最终的完稿时间。

值得注意的是，要想确保你的计划是靠谱的，它至少应满足 4 个条件：

第一，可观察。以某个行为来界定是否完成。

第二，得具体。目标应该具体，不要说我想跑步锻炼身体，应该说我每天跑步 2 千米。

第三，分步来。一步步地来，这个道理谁都明白，关键在于每一步都要具体，而且可以观察。

第四，小起点。确保你的第一步能在 15 分钟之内完成，这样有助于你摆脱拖延症。

3. 严格地给自己限时

人的心理是很微妙的，一旦知道时间很充足，就会放松下来，注意力也会下降，工作效率也会跟着降低；一旦知道必须在某个时间之前完成工作，就会自觉地督促自己行动，工作效率就会大大提高。如果你做每项工作时，都严格地给自己限时，甚至有意地压缩完成的时间，然后不断提醒自己专注起来，那么你的潜力就会慢慢被激发出来。适当地压缩时间不会影响你的身心健康，却可以大大提高你的办事效率，何乐而不为呢？

爱因斯坦就善于用这种办法。他大学毕业后，一开始在一家邮政局上班。由于他对物理学很感兴趣，所以在上班之余，他毫不动摇地钻研物理学知识。他将一天 8 个小时的工作量压缩在 4 个小时内完成，其余的时间用来学习和研究。就这样，他的工作潜能不断被激发，这也使得他有时间研究物理学知识。

在工作中，你也可以用这种办法防止自己拖延。比如，客户与你有事商量，你当时不能答复，可以对他说："我下午两点之前给你答复。"而不是说："我想好了就给你答复。"约见客户时，如果对方时间允许，你可以说："要不我们下午三点见面？"而不是说："等我有时间了就约你见面。"由于你承诺了时限，就不得不去兑现，这样可以促使你积极行动起来。

职场金句：

做你所应做的事情，能有什么结果在其次。

——赫伯脱

柳比歇夫：统计你的时间

切勿相信凭记忆的估计，人对时间这种抽象物质的记忆是十分不可靠的。

——《柳比歇夫时间管理法》

美国著名的管理大师德鲁克曾经说："一个人不会管理时间，便什么也不能管理。"在他看来，学会管理时间是每个人都应具备的能力。作为职场人士，每天上班时间就那么多，若不懂得管理时间，那么工作就谈不上高效。当你每天下班，发现该做的工作没有做时，你一定会疑惑：时间到底去哪里了？如果真是这样，那么你该学会统计你的时间了。

这里我们将介绍一种"事件＋时间"的记录方法。这种记录方法的开山鼻祖是俄罗斯人柳比歇夫。苏联作家格拉宁在他所著的《奇特的一生》一书中，向人们描述了柳比歇夫靠这种方法取得的成就。

柳比歇夫一生做成了很多事情，多得几乎令人无法想象。他的成就主要表现在这些方面：著作，探讨地蚤的分类、动物学、昆虫学、进化论；研究科学史，探索农业、遗传学、植物保护、哲学、无神论。此外，他还写过长篇回忆录，追忆许多科学家，还谈到了他一生的各个阶段，以及自己的母校彼尔姆大学……

柳比歇夫当过大学教研室主任，兼任研究所一个科室的负责人，还讲过课，并且经常去各地考察；他跑遍了俄罗斯的欧洲部分，去过许多集体农庄，对果树害虫、玉米害虫、黄鼠等有过实地的研究。在所谓的闲暇时间里，他将研究地蚤的分类作为一种休息。

单单这一项的工作量就十分巨大：到1995年，他搜集的地蚤标本多达35箱，共1.3万只。他对其中的5000只公地蚤做了器官切片，总计300种。做出这些并不容易，因为他要对每一只地蚤进行鉴定、测量、做切片、制作标本。他收集的地蚤材料的数量是当地动物研究所的6倍。这不仅需要特殊的深入钻研才能，还需要对这项工作有深刻的理解。

柳比歇夫既是一位狭隘领域的专家，又是一位博大精深、学识渊博的杂家，他认为自己一生的成就得益于对时间的管理。而他之所以能管理好自己的时间，是因为有一套科学的统计时间的方法。下面我们来看一看柳比歇夫的时间统计实例，看他是如何记录时间的。

乌里扬诺夫斯克（俄罗斯的一个地区），1964年4月7日

分类昆虫学（画两张无名袋蛾的图）………3小时15分钟；
鉴定袋蛾…………………………………………………20分钟；
附加工作：给斯拉瓦写信……………………2小时45分钟；
社会工作：植物保护小组开会………………2小时25分钟；
休息：
给伊戈尔写信…………………………………………10分钟；
看《乌里扬诺夫斯克真理报》……………………10分钟；
看列夫·托尔斯泰的《塞瓦斯托波尔纪事》…1小时25分钟。

乌里扬诺夫斯克，1964年4月8日

分类昆虫学：鉴定袋蛾…………………………2小时20分钟；
写关于袋蛾的报告…………………………………1小时5分钟；
附加工作：给达维陀娃和布里亚赫尔写信，6页……3小时20分钟；
休息：
看《乌里扬诺夫斯克真理报》……………………15分钟；
看《消息报》……………………………………………10分钟；
看《文学报》……………………………………………20分钟；
看阿·托尔斯泰的《魔鬼》66页……………1小时30分钟。

柳比歇夫在记录时，把日常的各种事情做了分类，比如基本科研、分类昆虫学等。这样做的好处是方便最终统计各项工作到底花了多少时间。下面是柳比歇夫的统计结果：

基本科研——59小时45分钟

分类昆虫学——20小时55分钟；

附加工作——50小时25分钟；

组织工作——5小时40分钟；

合计：136小时45分钟

单说基本科研，他花了59小时，

这些时间花在哪些事情上呢？

从柳比歇夫的记录上一看就很明白：

《分类法的逻辑》报告草稿——6小时25分钟；

杂事——1小时；

校对《达达派研究》——30分钟；

数学——16小时40分钟；

日常参考书：《里亚普诺夫》——55分钟；

日常参考书：《生物学》——12小时；

学术通信——11小时55分钟；

学术札记——3小时25分钟；

图书索引——6小时55分钟；

合计：59小时45分钟

柳比歇夫的时间统计法，让我们看到每一天、每一周、每一个月、每一年乃至一生，时间都花在哪里了。首先，这种统计法的一大好处就是，可以让人增强时间观念。特别是当你定期翻看这些记录时，你会意识到时间过得多么快，于是你会告诉自己：不能再将时间浪费在无意义的事情上。

其次，通过时间统计，你可以发现做一项工作要花多少时间。这个时间可以为你再次做这件事提供参考，并成为你做计划的重要参考数据。比如，你通过统计时间总结出，看一本书需要5个小时，那么在计划时，你就可以安排5个小时来看一本书。

看到这里，你一定很想知道，统计时间具体应该怎样操作？

1. 每天记录，养成习惯

统计时间需要坚持不懈，养成一种习惯。为了便于记录准确的时间，而不是凭印象估计所花费的时间，你在做一件事之前应该看一下时间，当你做完这件事时或当你中断做这件事时再看一下时间，然后算一下所花费的时间，并记录在案。为了让你知道时间确切的流向，你可以什么都记下来。任何活动，比如休息、看报、散步等的耗时，都可以记下来，而且要精确到分钟，误差最好低于5分钟。

2. 保持简短，方便携带

在记录时，不需要写感想和心情，只需要简单地记录做了什么事，并在后面写上所花费的时间。毕竟记录时间本身也是一项工作，如果你记录得过于详细，花费的时间就会多，而且以后翻阅时，也会增加阅读量。所以，还是简单记录比较好。比如，阅读《奇特的一生》——35分钟，阅读《真理报》——35分钟。这样记录就可以，为了便于记录，你最好准备一个小的记事本。当然，现在几乎每个职场人士都有智能手机，也可以用智能手机记录时间。

3. 睡前统计，分析反思

统计时间不是用来做摆设的，而需要切实地对你的心灵、对你的时间管理产生作用。因此，每天睡觉之前，你最好花10分钟看一看这一天的时间记录，并进行简单的统计。计算一下，这一天花在工作上的时间有多少，花在其他方面的时间有多少。看看哪些时间可以省掉，哪些时间可以缩短一些。如果你经常分析和反思这些问题，那么当你再做同类的事情时，就会提醒自己加快速度，提高效率，节约时间。每天临睡前进行时间统计，计算时间花在什么地方了，花了多少，最后算出基本消耗时间。这样你的时间观念就会逐渐增强，你对时间的掌控就会变得更精细。

小测试：测测你的时间管理能力

下面是一个时间管理小测验，每题有三个答案：A，总是这样；B，有时这样；C，从不这样。

1. 你在每周或每天工作开始时都为自己制订一周或一天的工作计划。

2. 你在业余时间会感到无所事事。

3. 你总是把自己的东西放得井井有条。

4. 你做事情时能坚持到底。

5. 你在做事情时不容易受其他事情的干扰。

6. 你能有条理地完成自己该做的事情。

7. 你能分清什么是当前最该做的工作。

8. 你能够做到及时反省自己利用时间的情况。

9. 你每天都能按照自己的计划进行工作和生活。

10. 你每次做事之前都会提醒自己要在一定的时间内保质保量地完成工作。

11. 绝大多数时候你都知道自己应该做什么事情。

12. 你每天都能按时起床。

13. 你认为自己做事情效率很高。

14. 当完成一件事情有困难时，你不会对自己说："明天再做吧。"

15. 你从不同时做几件事情，因为你觉得那样做哪件事都做不好。

16. 你从未在每天下班回家时感觉精疲力竭，却没有完成一天计划的工作。

17. 你不认为没有时间做自己喜欢的事情。

18. 你每隔一定时间便检查自己时间计划完成的情况。

解读：

选"A"记2分，选"B"记1分，选"C"记0分。

0~14 分：说明你的时间管理能力很差，还有很大的提升空间，你需要在计划性、坚持性、合理性、反思性等方面提高自己的时间管理能力。

15~28 分：说明你具备较好的时间管理能力，但还有进步的空间，你需要分析自己平时的表现，学会统计指缝间流失的时间，再把这些时间合理地利用起来。

29~36 分：说明你的时间管理能力很强，你需要做的是坚持一贯的时间管理方法，同时借鉴本章的时间管理技巧，让你的时间管理能力更强。

斯宾塞·拉斯科夫：不要虚度闲暇时间

这些企业界人士成功的原因，毫无例外地是因为他们认为下班后的时间很重要，并且他们在下班之后充分利用时间，去做对自己事业有帮助的事情。

——尼勃逊

众所周知，一个人在上班时间认真工作，这是情理之中的事情，而且大部分人都是这样做的。因此，仅仅通过工作时间内的表现，难以让你变得出类拔萃。可是，如果你能在下班之后，充分利用闲暇时间充实和提高自己，而不是虚度时光，那么久而久之，你就很容易在个人能力上与众人拉开距离。

说到闲暇时间，我们首先要明确“什么是闲暇时间”。一般来说，闲暇时间指的是可供你自由支配的时间，也就是人们常说的业余时间，有人也将其称为“8小时之外”。但严格地说，真正的闲暇时间不应该包括做家务、饮食、睡觉等的时间，而是指完全可供个人自由支配的时间。

自由，是闲暇时间的最大特点之一。正因为自由，很多人才会想干什么就干什么，而不考虑自己所干的事情能否提高自己。比如，很多上班族周末选择睡大觉，以补充连续五天上班早起所缺的“睡眠”，于是我们看到，很多人周末上午基本都是在睡梦中度过。有些人虽然睡不着，也会躺在床上玩手机、看计算机，尽情地放松身心。

每个人一生都有大量的闲暇时间，就看你怎么利用这些闲暇时间。据一所世界体育中心的调查显示：一个70岁的西方人，一生的工作时间是16年，睡眠时间是19年，剩下的35年便是闲暇时间。可见，闲暇时间是一个巨大的宝藏。所谓的时间管理，其实最主要的是针对闲暇时间的管理。对闲暇时间管理的效果好坏，往往直接反映在一个人的成就上。

美国Hotwire.com的联合创始人和房地产资讯网站Zillow的首席执行官——39岁的斯宾塞·拉斯科夫，是一位善于利用空闲时间的人。上班的时候，他会认真地工作，但是下班之后，他不会继续加班，而是去做别的事情。有人曾问斯宾塞：“什么是你不愿意在周末做的事？”

斯宾塞说：“工作，至少是传统意义上的工作。”他说他的周末是挣脱日常工作的束缚，以便有机会深入思考自己所在公司和行业的重要时刻。“周末是进行反思和对更重要问题好好反省的大好时机。”斯宾塞这样说。

斯坦福的一项新研究表明，斯宾塞的话是很有道理的。研究发现，在一周工作超过50个小时后，每个小时的工作效率会急剧下降。而在工作55个小时之后，工作效率下降的幅度会更大。所以，如果你下班之后还继续工作，往往是毫无意义的。

也就是说，善用闲暇时间的精髓不在于倡导人们下班之后继续工作，或继续做工作上的事情，而是从事另外一些有意义的事情，从其他方面来充实自己、提升自己，间接地促进自己成长。

充分利用闲暇时间，首先要确立闲暇时间是一笔宝贵财富的观念。法国著名的未来学家贝尔特朗·德·茹维涅里曾经提出：“在未来的社会，人感到最重要的不是能用于买到一切的钱，也不是商品，而是闲暇时间——这种时间可以给人以知识文化。”那么，我们到底该怎样利用闲暇时间呢？

其实，科学地安排闲暇时间并没有固定的标准，而是一种因人、因地、因时而异的多样化选择。不过通常来说，利用闲暇时间有这样几种方式：

1. 开发式——开发自我潜能、实现自我价值

在闲暇时间做自己感兴趣的事，通过兴趣追求来激发自己的潜能，实现自己的价值。比如，希腊伟大的思想家亚里士多德喜欢在闲暇时间捕捉蝴蝶和甲虫，并且通过长期闲暇时间的积累，制作了人类历史上第一批昆虫标本，使自己成为一名昆虫学者。

著名的生物学家达尔文，从小就喜欢打猎、旅行、搜集生物标本。上大学期间，他又利用闲暇时间采集植物、昆虫和动物标本。后来，他将自己的业余爱好发展成为自己的专长，成为举世闻名的生物学家。

你有什么兴趣爱好和业余追求呢？如果有，不妨在闲暇时间从事与之相关的活动吧，比如园艺、手工、烹饪、垂钓等。通过从事自己感兴趣的活动，不仅可以放松身心，感受快乐，还可以从中激发自己的潜能，实现自己的价值，甚至可以让你获得工作之外的，在工作中永远都无法取得的成就。

2. 结合式——把闲暇时间活动作为本职工作的延伸与扩展

在闲暇时间可以不做工作上的事，但可以通过做与之相关的工作来间接地提升工作能力，促进工作的开展。比如，思考工作进程，反思工作中存在的问题，为即将到来的下周制订工作计划。在闲暇时间养成反思和计划的习惯，对提高工作水平和工作效率是非常有益的。

著名作家范德克姆认为：“计划使人更有效率，在工作日开始前制订计划意味着你可以做好迎接周一的准备。”在闲暇时间尤其是周末，花片刻时

间为接下来的一周做一个计划，也许你只需花30分钟，就可以大幅度提高下一周的工作效率，并舒缓压力。

3. 陶冶式——从事有益的活动，以陶冶性情，增长学识

陶冶身心的活动有很多，比如一次有意义的冒险活动，和家人一起外出旅游，绘画，唱歌，欣赏音乐，观赏戏剧，等等。这些都可以丰富你的精神生活，帮你舒缓工作上的压力，为接下来的工作做好心理和精神上的铺垫。

4. 调剂式——从事与工作相互调剂的活动

脑力工作者在闲暇时间最好从事体力活动，比如打打球、跑跑步；室内工作者最好到室外去活动活动，比如钓鱼、爬山等；逻辑思维工作者在闲暇时间，可以从事以形象思维为主的活动，比如绘画、冥想。通过从事与工作相互调剂的活动，可以让你张弛有度、劳逸结合，身心愉悦。

思考：

“决定你命运的是晚上的8点到10点。”

你如何看待这句话？

05

整理：把杂乱和拖沓扫除掉

你是不是有这样的感受：不论在家里，还是在公司，感觉周围的环境充满了杂乱，而且不管你怎么打理，也是很快就会变得一塌糊涂。有效整理，可以把杂乱和拖沓扫除掉，让你每天都有轻松愉悦的工作心情，还可以帮你节约时间，提高工作效率。

佐藤可士和：值得你拥有的超级整理术

保持生活环境的清爽，才能提高工作效率。

——优衣库首席艺术总监佐藤可士和

每天都有忙不完的工作，恨不得一天有48个小时可用；办公桌乱成一团，想要的文件经常找不到；昨天保存在计算机里的资料，今天就找不到了，只好重新做一份，又浪费一个小时……在工作中，你是否遇到过这些狼狈不堪的情况呢？

以上几种情况是典型的工作效率不高的表现。出现这些情况的原因就是不懂得整理，而这会直接影响你的心情、影响你的工作效率、影响你对时间的掌控、影响你的业绩提升，让你与晋升机会擦肩而过。

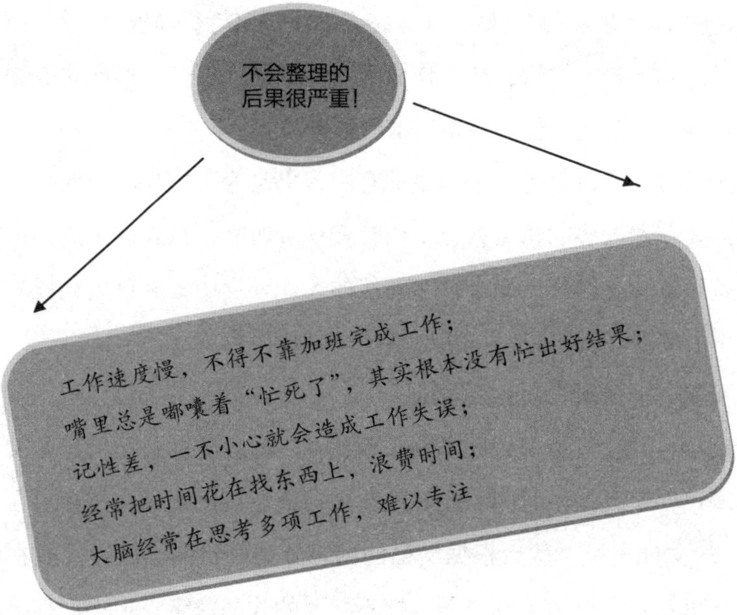

佐藤可士和称自己的工作空间为“创意商店”，而不是“办公室”。因为那里空敞洁白的程度比一间空房间多不了什么东西。日本导演日比野克彦在为佐藤解析自己工作方法的新书所作的推荐中写道：“他的设计，最大的魅力在于‘失去平衡的 0.1 秒’。我发现这 0.1 秒应该是来自他那又大又干净的房间吧。下次，我可以去弄脏你的房间吗？”

这间极度洁净的工作室初看上去是一间白色的空旷房间。员工空间、会议室、佐藤的办公室三部分被两道墙壁分割，白色的天花板和墙壁，日本柳杉木地板，20 张定制的桌子和椅子就是全部的摆设。

佐藤可士和本人的桌子上，没有成堆的设计资料和素材，只有一台计算机显示器、键盘、鼠标，以及一只奥陆芬的音箱。他不断地在书中强调：“保持生活环境的清爽，才能提高工作效率。”正因为空间整理是最适合初次学习的整理术，所以佐藤可士和整理术的具体操作章节，就是从整理和收纳自己的桌子和包开始的。

职场的节奏很快，是一个追求效率的地方，也是一个讲究完美执行的领域。每个人都希望多、快、好、省地完成工作，保持很高效率，忙得有质量，以让自己感到轻松、愉快，让工作成为一种享受。那么，怎样才能达到这样的工作目标呢？其实，你需要整理术的帮助。

超级整理术不仅是为了干净整洁有序，更是为了提高工作效率。超级整理术不需要花费太多的精力，也不用耗费很多时间，只要你按照一定的规则去做，就可以让自己进入一个秩序井然的工作环境中，并且大幅提高自己的工作效率。为此，有必要坚持几个整理的原则。

1. 坚持“一元化”的整理原则

所谓“一元化”就是把同类的东西放在一起。比如，把所有的文件放在一个抽屉里，并且按照时间顺序叠放起来；把所有的电子文档存放在命名为“工作”的文件夹里，然后根据文档的内容分类，将同类的文件放在同一个子文件夹里；将办公桌整理干净，把不必要的物品拿走；把桌面擦干净，让自己看着舒服；等等。

2. 坚持“定期”的整理原则

文件存在计算机里，长时间不管，你就会淡忘它。一旦你淡忘了，下次想找到它就变得很困难。因为上班族计算机里的文件实在太多了。尤其是一些脑力工作者和依靠计算机工作的人，他们的计算机里的文件更是堆积如山。因此，定期整理很有必要。整理一方面是为了归类存放，另一方面是为了清理掉没用的文件，毕竟文件少了找起来更容易，而且对计算机的运行有帮助。

3. 坚持“舒适”的整理原则

超级整理术并没有死板的整理标准，它以“整理后的状态”让自己感到舒适为原则。如果你愿意，完全可以创新一个让自己感到舒服的整理方法。如果你不愿意去创新整理的方法，就接受我们的建议。记住，整理是为了高效，切不可为了整理而整理，在整理上花费太多的心思和时间，反而把整理的过程弄得很低效，把整理变成了一件本末倒置的事情。

4. 坚持“定期回顾”的整理原则

整理是一个长期的工作，需要定期回顾。在你空闲的时候，点开你的计算机，看看之前整理过的文件，查看一下文件内容，回顾一下这些内容的现实价值，把可以合并到一个文档的文件合并起来，把可以删除掉的文件删除掉，把可以归类的文件归到一起。通过定期的回顾和调整，让你的文件更加精简。

小测试：你是整理高手吗？

下面10句话，如果你觉得符合自己的实际情况，就计算1分，否则不用计分。

1. 经常找不到想要的东西。

2. 你买过很多东西，却闲置在那里不用。

3. 每次搬家时，你总担心要搬的东西太多。

4. 你经常会在家或办公室里丢东西。

5. 你觉得办公桌太小了，东西放不下。

6. 你没有每天擦桌子、整理桌子的习惯。

7. 你很讨厌大扫除，觉得太累、太浪费时间。

8. 你经常舍不得扔东西，感觉有一天这些东西能用上。

9. 你的计算机桌面有很多文件，几乎占了半个显示屏，甚至更多。

10. 你的脑子里有很多杂念和不切实际的想法，经常冷不丁冒出来干扰你的工作。

解析：

得8分以上：放弃整理型。你讨厌整理，习惯了混乱和无序，并且没有意识到这种状况对工作的影响。

建议：了解整理的好处和不整理的后果，慢慢养成整理的习惯。

得5~7分：初级整理者。你开始摸索着整理，但没什么进展。

建议：继续坚持整理，可以从整理房间、衣柜中体验快乐，体验整理的效果。

得2~4分：中级整理者。你在整理方面已经做得不错了，但可能有时候觉得整理的效果与自己的期望有差距。

建议：反省自己的整理方式，看是否有可以改进的地方，以便取得更好的整理效果。

得分低于1分：超级整理者。你在整理上已经感受到了很多快乐，并且对自己整理的效果很满意。

建议：你只需坚持整理下去，就可以继续享受整理的快乐和整理带来的高效。

百度办公桌：学会分类，保持有序

我赞美彻底和有条理的工作方式。

——美国管理学者蓝斯登

一个整洁有序的办公环境可以让你更加精神饱满地投入每天的工作当中，取得更好的工作绩效，为公司创造更多的效益。当你的客户到访时，看见你的办公桌干净整洁，也会对你留下良好的印象；相反，凌乱的办公桌会影响你工作时的心情，使你在寻找文件时手忙脚乱，降低你的工作效率。

黄女士是一家公司的财务人员，每个季度都要上报公司的附加税，为此她不得不腾出一天时间专门整理攒下来的发票，而且还不一定能把这些发票整理好。她说虽然自己知道平时就应该将发票和账簿整理妥当，这样可以一目了然地掌握公司的财务出入情况，但是她已经习惯了随手将员工递交上来的报销凭单（主要是发票）随手丢到桌子上的纸盒里，等到快到上报附加税的截止日期时，她才逼自己去整理，为此她很头疼。

为什么头疼呢？很好理解，因为过去三个月的发票，她根本记不清哪个是哪个，这就没办法统计公司应该上交的附加税。于是，她不得不花时间慢慢地回忆那些发票的由来，有时还会问同事们："这张发票是谁给我的？是什么事情的发票？"这样不但影响了同事们的工作，还造成了她自己的工作效率低下。更严重的是，有时候统计失误，给公司造成了经济上的损失，惹得老板对她极为不满。

一位百度的高管曾说："我从来不相信一个把办公桌弄得乱七八糟的员工，是一名优秀的员工，能取得高效的工作成绩。"一个高效能员工是不会花很长时间从一堆乱糟糟的文件中翻找所需要的材料的。因为他们不会让自己的工作陷入无序之中，为此他们在平时的工作中就会很自觉、很有意识地整理办公桌，分类管理工作文件。下图是办公桌的工具摆放平面图：

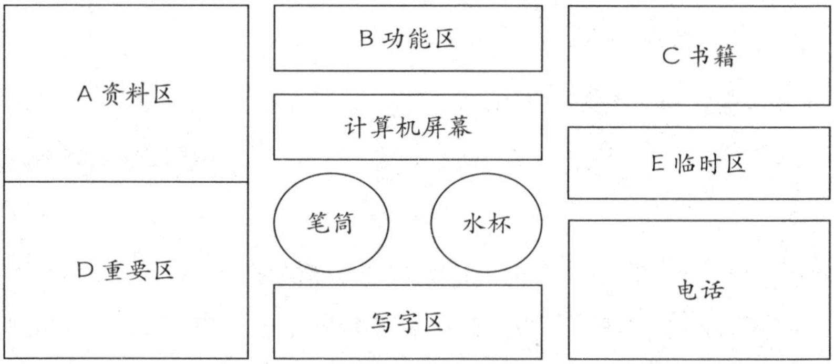

美国管理学者蓝斯登曾经说："我赞美彻底和有条理的工作方式。"他是这么说的，也是这么做的。看看他的办公桌，文件数已经减到最少，他知道一次只能处理一件公文，也知道应该把每件公文放在什么地方。

当你问他某件工作或某件公文时，他会立刻从公文柜中找出来；当你问起他已完成的某事时，他眼睛一眨就知道这件事的备案材料放在何处。在他身上，你永远看不到慌乱翻找的狼狈举动。再看看他的手提箱，里面归类分明、随时要用的公文一一呈现；里面也有小说和文具，但绝不是一个乱糟糟的废物箱。

保持办公桌的整洁有序，并不只是做表面工作。在职场中，很多人每天也会整理桌子，把桌子上的办公用品摆放得很整齐。但是他们办公桌的抽屉里是怎样的情况，里面是否整齐有序？是否归类分明呢？

一个偶然的机会，我看见一位白领的办公桌抽屉，里面的东西和杂乱状况令我不禁唏嘘。你知道我看到了什么吗？里面有皮鞋刷子、洗面奶、护手霜，还有已经被揉成团的报纸，以及一块被啃了一半已经发霉的面包。

很难想象，人在这种状态下能够保持专注，能够高效地完成每天的工作。你可以假设，当你打开抽屉里面的食品发出恶臭时，你会做何感想？当你打开抽屉，发现里面就像垃圾桶一样，乱糟糟的一片，根本看不到自己想要的办公用品时，你又会如何应对？所以，保持办公桌的整洁有序，保证文件得以分类收藏是很有必要的，这应该成为你的工作习惯。

那么，现在、立刻、马上抽出10分钟的时间，只需要10分钟，对你的办公桌来一次大扫除吧！ 10分钟之后，你会发现一切都这么有秩序，你的心情也会豁然舒畅，工作的积极性也会暴涨起来。如下图所示：

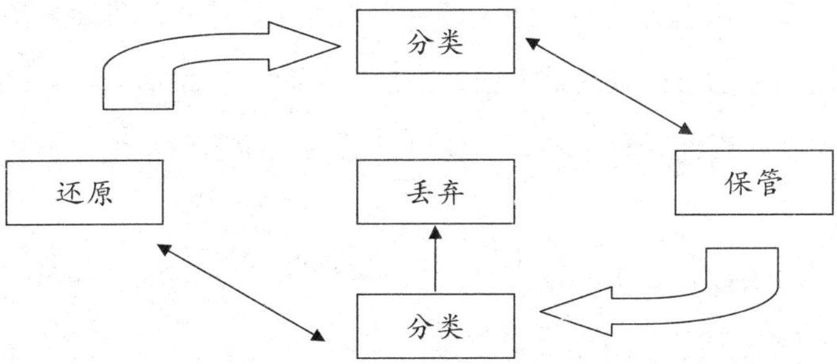

整理的步骤：从“分类”到“还原”或“丢弃”，才算整理。

1. 清理你用不着的文件和用品

办公桌是用来办公的，桌面上和桌子里保留的应该是与工作有关的东西，对于那些与工作无关或已经用不着的文件，你应该毫不犹豫地清理掉。比如，没用的购物单、过期的小便签、不再需要的草稿纸，还有那些已经没用的文件，都应该统统被清理掉。当把这些东西清理掉之后，你会发现：办公桌上的东西少了很多，抽屉的空间大了很多。你的心情也会敞亮很多，就像刚刚把家里收拾干净了，把垃圾丢到楼下时的心情一样。

2. 制作目录卡片，分类保管文件

工作中，每个人都或多或少有一些文件。有些文件没有用了，可以清理掉。有些文件说不上有用没用，或许将来某个时间有用，这类文件应该保存起来。有些文件非常重要，毫无疑问应该重点收藏。对于重要性不同的文件，你可以将它们放在不同的地方。有位职员是这样做的：

（1）将最重要的文件放在桌子最上面一个抽屉里，因为要经常用到，便于拿取。

（2）将那些说不上有用还是没用的文件放在办公桌最下面的抽屉里，因为很少用到，放在那里可以不用管它。

这种做法就很好，如果你也形成了这样的分类习惯，那么拿到一份文件，用完之后你会立刻明白应该将它放在哪里：是放进垃圾桶，还是放进最上面的抽屉，或是放进最下面的抽屉？

对于重要性相当的文件，还应该进一步排序。最好的排序方法是按照时间排序，把最近的文件放在最上面，最旧的文件放在最下面。严格按照这个顺序堆放，这样当你寻找文件时，就可以顺着时间这条主线往下找，就很容易找到了。

当然，如果你是公司的管理者，如果你有一个大大的文件柜，那么对于这些文件，你就有必要制作目录卡片，就像图书馆的工作人员摆放图书时，把不同类别的图书放在不同的架子上。比如，财务类文件、营销类文件、绩

效考核类文件、客户资料类文件等，按照这样的分类将文件存放在不同的格子里，并在格子上贴上标签，一目了然。

3. 一项工作完成后，立即整理归类

很多人抱怨说，办公桌整理完了，没一会儿就变得乱糟糟的，还是不整理为好。就像叠被子一样，叠完了晚上又要摊开盖，何必呢？其实这种想法有问题：桌子容易乱，恰恰是因为整理不及时导致的。如果经常整理，甚至每天整理，每一项工作完成后就立即整理，并将整理内化成一种职业习惯，那么一切整理工作就会在无形中完成。

所以，建议你每天上班之前稍微收拾一下桌子，并拿抹布把桌子和计算机抹一抹，擦拭上面的灰尘；下班的时候，把桌子上摊开的文件和办公用品规整一下，再把椅子挪到桌子下面。如果每一位员工都这么做，那么整个公司的办公区看起来就十分整齐有序，第二天走进来一看，你会觉得非常舒服。

4. 如果愿意，可以简单装饰办公桌

当你整理好物品之后，可以来点小装饰，让办公桌看起来与众不同，能带给你正能量。比如，在计算机旁边摆上一盆清新的盆栽，让上面绿油油的叶子释放天然的氧气，带给你清新和愉悦；还可以养几条小金鱼，在工作的间隙，观赏金鱼在水中畅游，为自己积聚工作的能量；你还可以在办公桌的下面贴上一个小便签，上面写上对自己的提醒，例如“今日事今日毕”“不贪多，一次只做一件事”等，提醒自己高效地工作。

行动方案：

仔细想一想，你哪方面的整理特别差，比如衣柜、储物箱、抽屉或房间，然后找出一个作为你的整理目标，按照本节所讲的整理技巧，对其进行整理。整理完成后，感受一下整洁、有序带给你的美好心情！

高效能人士：定期检查进度缓慢的事项

高效能人士都有一个习惯，那就是经常性地反思。

——《高效能人士的七个习惯》

高效能人士会反思工作中的问题，发现工作中的不足，检讨自身需要提高的地方，尤其对于每天虽被列入计划却未能完成的工作，他们会积极地反思，找出未完成的原因。有了这种积极的工作态度，他们就不会对未完成的工作视而不见，也不会对未完成工作所暴露的自身问题掩耳盗铃。

通常来说，待办事项未完成往往有这样几个原因：

（1）工作时间有限，还没轮到去做那件事，自然没有完成。

（2）已经开始做那件事了，但时间仓促，做了一部分就中断了。

（3）早就开始做了，可是进展缓慢，迟迟无法完成。

对于前两种原因造成的待办事项未完成的情况，处理起来还比较容易，它们主要是由时间不够造成的，并不能说明其他的问题。然而，对于第三种原因造成的待办事项未完成、待办事项进展缓慢的情况，我们就要深刻反思了，到底是什么原因造成进展缓慢呢？

分析一下，原因往往有这样三种：

（1）工作难度太大，个人能力不够，导致工作进展缓慢。

（2）工作倒不难，但是自己思想上不重视，一拖再拖，执行力差。

（3）工作方法不得当，在执行中走了弯路，导致工作进展缓慢。

对照一下那些进展缓慢的工作，看看这三种原因，你属于哪一种。找到了原因，解决起来就可以做到有的放矢。如果是因为工作难度太大导致工作进展缓慢，或因工作方法不得当，你可以积极寻求帮助，比如向同事请教、向上司求助，通过团队的智慧来解决这项工作。如果是因为你个人原因，比如思想上不重视，执行不积极，拖延的时间太久，那么你就有必要深刻检讨自己了。

当然，仅仅是检讨自己的不良工作态度是不行的，还必须用实际行动改变这种状态。下面介绍几种策略，帮助你从进展缓慢的工作泥潭中解脱出来。

1. 追踪你在哪个环节上浪费了时间

进展缓慢，就是花的时间太多，那么你这项工作的哪个环节浪费了时间呢？如果你想提高工作效率，就必须好好思考这个问题。

你可以继续尝试着去做这项进展缓慢的工作，并记录大致环节上的耗时。当你发现太多时间花在准备工作上，花在你走神、注意力不集中时，你要做的就是想办法集中自己的注意力。比如，你之前在做这项工作期间，喜欢有意无意地看手机，喜欢上网看新闻，喜欢和同事聊天。那么，现在你有必要排除这些干扰，你可以关掉手机，如果可以连计算机也关掉（如果这项工作必须在计算机上完成除外），然后贴上一张小便签提醒自己：闭嘴，不要聊天。以此督促自己认真执行。

2. 充分发挥表格工具在执行中的作用

工作进展缓慢，反映的是时间观念不强，要想解决这个问题，你可以充分发挥表格工具在执行中的作用。每周第一天上班时，第一件事就是画两张表格：一张表格是周计划表，另一张表格是日进度表，即把你未来一周要完成的工作列入周计划表，并通过目标分解到每一天，设定每天的工作量，再把这个工作量列入日计划表。

列好这两张表之后，将它们放在桌子上面一个你时刻都能看到的地方。剩下要做的就是按照这两张表的计划去做，每天下班的时候看看日计划表上的工作你是否完成。如果没有完成，一定要强迫自己做完，哪怕一个人留下来加班也在所不惜。

记住，千万不要对自己太宽容，否则你会变得懒散下去，今天的工作任务没有完成，留到明天就会增加明天的工作量。如此累积下去，你的周计划最后就完不成了，你的工作进展就会很慢。

3. 衡量你的工作结果，而不是时间

这一点建立在上一点的基础上，即每天下班时要对照日计划表衡量自己的工作成果，看自己到底做了多少工作，而不是衡量你的工作时间。经常听到有人这样说："我昨天晚上加班到凌晨 3 点，累死了。"虽然嘴里说自己很累，但说话的语气却充满了自豪与得意，好像自己是英雄，言外之意是：你瞧，我多么努力。

殊不知，依靠加班才能完成工作，这种工作方式是没有效率可言的。真正的高效能人士几乎不会加班，因为他们在工作时间内已经把每天要做的工作处理得干干净净。下班之后，他们可以充分享受属于自己的闲暇时间。只有执行力差的人才会磨磨蹭蹭到下班，见工作没有完成，才去逼迫自己加班。

所以，你千万别因加班而高兴；相反，你应该努力在工作时间内完成待办事项，耗时越少越好，这才是高效的工作方式，才是值得骄傲的事情。

思考：

最近一周内未完成或进度缓慢的工作，问题出在哪里？

戴尔员工：给你的计算机“降降压”

硬件令机器变快，软件则把机器搞慢。

——克雷格·布鲁斯

清晨，当你来到办公桌前，请花几分钟打量一下你的计算机：

拿起你的键盘，轻轻抖动一下，看上面是否会掉下灰尘、残渣。

观察一下计算机的显示器，上面是否有一层灰尘？还有星星点点的污渍？

低头听一听计算机的排风扇，是否声嘶力竭，像暮年的老马拉不动车时的嘶鸣？

计算机是我们工作的帮手，就如同家里的衣柜、桌子的抽屉，以及厨房一样，非常容易藏污纳垢，滋生病菌，这会直接影响计算机的运行速度，影响你的办公效率，甚至会影响你的健康。

因此，定期清洁你的计算机是很有必要的。现在，请你拿起抹布、软刷子或废弃的牙刷，再准备一瓶计算机专用清洁剂，给计算机的外表做个清洁吧，就像是给它“洗个澡”！当然，做到这步还只是治标不治本，更重要的是要给计算机“洗洗胃”，给计算机“降降压”，即对计算机的内部进行清洁和整理。

开机之后，看看你的计算机桌面，上面是不是堆满了各种各样的文件夹、文档、图片、音频和视频文件？点开你的计算机 C 盘、D 盘、E 盘检查一下，里面是不是有很多没用的东西？再打开你的网页浏览器，查看浏览记录里面一条条的记录是不是多得数不清呢？

如果这些还不足以引起你对清理计算机的重视，你可以打开杀毒软件里首页的体检或垃圾清理，看看能扫描出多少容量的垃圾，再看看有多少软件是需要更新的，而你没有更新。如果你的运气“够好”，或许还能看到一条条红色的提示标语，那是杀毒软件在提醒你：计算机里有病毒！如果你再不处理，说不好哪一天你的计算机就瘫痪了。

其实清理计算机并不难，难的是你是否重视这个问题，并且坚持定期去做。下面就来介绍一下清理计算机的具体操作方法。

1. 按文件的内容，分门别类存放

很多上班族的计算机都有一个共同的特点，就是“乱”。乱表现为不同内容的文件、不同格式的文件混乱地放在一起。点开文件夹之后，里面五花八门、包罗万象，既有 word 文件，也有图片，还有工作中下载的 pdf 文件，更有工作间隙下载的电影等视频文件。

如果只是乱就算了，偏偏很多人文件夹里的文件多，多到打开之后页面显示不完，必须不断下拉才能看到其他文件。这种状况直接导致在工作时，想找到一个文件不容易，因为你的眼睛要从太多的文件中筛选、甄别，发现自己想要的文件。

有位戴尔的女学姐突然有一天产生了这样的顾虑：万一哪天我有事没来上班，或有一天我离开了这家公司，接手工作的同事怎么能从计算机里找到想要的文件呢？因为她计算机里的文件实在太多、太杂、太乱了。想到这里，她下定决心对计算机进行一次大清理。

她对自己的要求是，每一个文件夹的名称、每一个文档的命名都要通俗易懂，不仅自己要看明白，也要让别人看明白。同时，对计算机里的文件按照内容、文件格式进行分类，并且严格控制每个文件夹中的文件数量。为此，她还养成了新建“记事本”，在里面写工作日志的习惯。

她在整理计算机时所表现出来的几点做法值得我们参考：

（1）分门别类存放资料。分门别类存放文件，目的是便于查找。就像整理家里的衣柜一样，裤子都挂在一个格子里，上衣都挂在一个格子里，内衣都放在一个抽屉里。这样当你找什么衣服时，就去特定的柜子里找，非常容易就找到了。

整理文件时，按照文件的内容、格式分门别类，这一点非常棒。其实内容是分类的最关键标准，按照内容分类之后，再按照文件的格式分别存放在不同的文件夹里，这样会让你的计算机文件非常有秩序。

以一位营销人员为例，他的文件夹可以这样设置：

“产品资料”文件夹中，可以进一步按文件的格式分类。

值得一提的是，C 盘是系统盘，不便于存放文件。文件存在 C 盘里会影

响计算机的运行速度，而且万一计算机出了问题需要重装系统，那些文件很难被找回来。D 盘通常用来安装软件，比如安装浏览器、杀毒软件、视频软件、音频软件等，最好也不要放工作文件。最好将工作文件放在 E 盘里，并在里面按照逻辑分类整理文件。

（2）整理文件时，要简洁通俗地为文件夹命名。就像上面那位白领说的那样，文件夹的命名既要自己看得懂，也要让别人看得懂。例如，你可以将文件夹分成“顾客”“经销商”和“同事”3 个子文件夹。

（3）每个文件夹里的子文件夹不要太多。切忌子文件夹太多，多到整个屏幕都显示不下，还需你滚动鼠标看完全部子文件夹。通常来说，子文件夹控制在 10 个以内较好，多了不便于查询。当然，这个并没有死板的规定，而要看个人的工作习惯。

（4）按日期整理文件。在为文件夹、子文件夹命名时，可以在名称后面加上序列号，并打一个括号，在里面标注日期。尤其是对于每个阶段的工作，应该放在一个子文件夹里，并在名称后面标注计划完成日期（如果你实际完成日期与计划日期有出入，应修改为完成工作的实际日期），这样一看就很清晰。如下图所示：

2. 对重要的文件进行备份

在工作中，有些文件是非常重要的。对于这样的文件，你最好定期进行备份。备份的目的就是防止文件丢失，具体的备份方法有很多，你可以将其备份到云盘，还可以将其拷贝到你的移动硬盘上，也可以保存到其他的服务器上面。定期备份文件，并马上删除机器中不再需要的文件。

3. 清理不必要的图标和文件

查看你的计算机文件夹和桌面，看看里面有多少没用的文件、图片和视频。这些没用的东西放在计算机里，占了计算机的内存，会影响其运行速度。因此，建议你及时清理掉不必要的文件和图表。比如桌面上的各种图标，其实你常用的或许只有一款网络聊天工具，如QQ，以及一个网络浏览器。如果你的浏览器过多，而且有些是你根本不用的，建议你卸载它们，并删除相应的文件安装包。至于没用的文件，你是最清楚的，应毫不客气地放入回收站，并且选择清空回收站。

4. 经常杀毒和清理计算机垃圾

每个上班族的计算机都安装了杀毒软件，但有多少人经常清理，这就不好说了。使用杀毒软件清理计算机里的垃圾、清理无用的注册表、清理浏览器的记录。清理这些就像你每天扫地一样，把家里的灰尘、纸屑等扫地出门，让家里保持洁净。如果你不想每天都点开杀毒软件清理，你可以设置定时清理，让计算机在空闲时间清理。这样你就省事多了。

行动方案：

花点时间，暂时放下手头的其他工作，对你的计算机来一次大清理，把不要的文件删除，把可以合并的文件合并，把没有归类的文件归类，最后用杀毒软件清理一下计算机垃圾，然后感受一下计算机运行速度变快的美妙！

爱因斯坦：整理你的大脑，这比任何整理都重要

如果我脑子里闪现出一个想法，为了防止这个想法转瞬即逝，我会立即用笔把它记下来，然后对着记录的内容进行思考。如果我发现这个想法有用，就会留下来继续思考；如果发现这个想法没用，我就会将写下来的纸揉成团，扔进废纸篓。

——爱因斯坦

计算机用久了，硬盘上保存的资料太多，会影响计算机的运行速度。有经验的人会经常对计算机进行垃圾清理，会对计算机里的资料进行分类整理，然后删除不必要的文件，使计算机释放更多动力，保持良好的运行状态。同

样的道理，人的大脑也像计算机一样，每天纳入许多信息，而且这个信息量远远大于计算机每天收纳的信息和资料。试问，有多少人会选择定期清理自己的大脑呢？

其实，和整理桌子、柜子、房间和计算机一样，我们也应该定期整理自己的大脑。该建文件夹的就建文件夹，该归档的就及时归档，该删除的就及时删除，该记忆的就记录在案。这样才能让我们保持清醒的头脑，保持轻松的思维状态，以防止不必要的繁杂信息干扰我们正常的工作和生活。

整理大脑，主要是整理思维和想法。名人将自己的想法写出来，组织组织就可以编成一本畅销书。我们普通的上班族，把自己的想法写出来，可以将它们编成日志、日记。整理大脑、整理记忆、整理想法，其实就是整理许多一瞬间的触动和一些深思熟虑的想法。这些想法有的有价值，有的没有价值。有价值的应该保留下来，继续深入思考；没有价值的应该及时清除，给大脑腾出空间思考有价值的事。

爱因斯坦说过一句名言："只有天才能支配混乱。"爱因斯坦本人就是一个天才，实际上他的办公桌也很凌乱，但是他从来不让自己的大脑混乱。即便是这样的天才，他也会定期整理自己的大脑。

有一天，一位记者采访爱因斯坦，请求看一下他的实验室。爱因斯坦起初谢绝了，表示他的实验室没什么可看的。但记者坚持认为，伟大的物理学家的实验室肯定有特别之处，因此充满期待，最终得到了爱因斯坦的同意。

来到爱因斯坦的实验室后，记者发现的确没什么不同。不过，有一个很大的废纸篓引起了他的注意。记者问爱因斯坦："为什么你的废纸篓那么大，里面有那么多揉成团的废纸？"

爱因斯坦从口袋里掏出一支钢笔，对记者说："这就是我的科学装备。"然后指着废纸篓说："在日常生活中，如果我脑子里闪现出一个想法，为了防止这个想法转瞬即逝，我会立即用笔把它记下来，然后对着记录的内容进行思考。如果我发现这个想法有用，就会留下来继续思考；如果发现这个想法没用，我就会将写下来的纸揉成团，扔进废纸篓。对于我来说，只要能够记录，再加上废纸篓就足够了。”

爱因斯坦认为，通过记录自己的想法，通过甄别自己的想法是否有价值，可以及时将大脑里没用的东西过滤掉，将大脑里有用的东西保留下来。所谓整理大脑，其实是为了更好地支配自己的生活，不让自己陷入混乱，不让生活和工作牵着自己的鼻子走，而是做生活和工作的主人，有效地掌控一切。

1. 定期清空大脑的“回收站”

有人说“存在即合理”，存在于大脑的想法和事情都有其存在的道理。但实际上，你大脑里的很多想法和事情并没有什么价值。比如，那些不切实际的幻想，那些陈年往事，那些曾经的挫折和伤痛，那些仇恨和抱怨，等等。对于这样的消极想法，让它们在大脑里多待一天就会多干扰你的思维一天。

不知道你是否有过这样的经历：有时候正工作着，突然脑子里冒出了一个与工作毫不相关的想法：下班时要准备晚饭，该去买什么菜呢？周末怎么过呢？好像最近上映了一部电影，听说很不错！这样的信息在你工作的时候出现，只会对你的工作产生干扰。在那一刻，它们是没有价值的。因此，你应该立即清理掉它们。

还有那些过去的痛苦、失败，这一类信息一定要清理掉。正如一部电影里的一句台词：“走吧，不要回头，做不好不要回来。”这句台词的意思是，离开这里吧，不要让过去拖累了你。是的，不能让过去拖累了自己，对于工作中曾经的失败、挫折和打击，你应该毫不犹豫地将其清除出大脑。

2. 用纸和笔帮你的大脑记事

学习爱因斯坦的记录法，及时把大脑里冒出来的想法记录下来。也许你会问：为什么要记录呢？“好记性不如烂笔头”，特别是一些瞬间产生的想法，如果你不立即记下来，转眼之间就会忘记，事后即使你努力回忆，也不一定能记起来。而一旦你记录下来，虽然只是一个想法的苗头，却让你有了继续思考下去的线索。

大脑是用来思考的，不是用来记录事情的。对于记录事情，用笔和纸记录远比用大脑记录高效得多，而且只要你保存好记录的内容，一辈子都不会遗忘。记录有一个好处是，事后你可以分析记录内容，去思考、去反思，以判断这个想法是否有价值。如果没有价值就放弃掉，就像爱因斯坦那样，把那张记录的纸片扔进废纸篓。

为了更好地记录你大脑的想法，你最好随身携带一个便捷的记事本和一支笔。当然，现在手机的功能越来越完善，你可以将随时出现的想法记录在手机备忘录里。不过，回到办公室或家里，应该及时将手机里的记录内容誊写到记事本上，因为与手机相比，传统的纸和笔能更好地保存你的想法。

行动方案：

（1）把你的记事本拿出来，将你大脑中的重要事情或者强烈影响你的事情写下来。

（2）具体分析一下这些想法或事情，有价值的留下来，没价值的删除掉；应该做的事情留下来，没价值的事情删除掉。

（3）将留下来的想法和事情按照重要性或难易程度排出顺序并标上序列号，制订一个计划，逐一去完成。

华尔街精英守则：跟杂乱无章的邮箱说“再见”

电子邮件（E-mail）是现代职场人士必备的办公工具，它的出现代替了原来的纸质信件，大大提高了沟通效率，提高了办公质量。然而，很多上班族在享受电子邮件带给自己便利的同时，却忽略了对电子邮箱的管理和维护，导致电子邮箱慢慢变成了一个垃圾桶，里面塞满了各种各样的邮件、垃圾文件和广告信息。

当你每天打开这样一个杂乱无章的邮箱时，就像打开乱七八糟的衣柜，你有怎样的心理感受呢？你会不会觉得心烦意乱，尤其当你找了很久也找不到一份重要邮件时，你会不会抓狂？如果真是这样，为何不花一点时间整理，与杂乱无章的邮箱说“再见”呢？

整理邮箱的专业方法多种多样，但问题是，邮箱的管理和维护不是技巧问题，它更多的是一种态度问题。有多少人不会删除邮件？有多少人不会设置反垃圾邮件？又有多少人不会归类文件呢？其实，这些都不是问题，问题是你有没有重视邮箱的管理工作。

我有一位客户，有一天我给他发邮件，但屡次被对方退回。我意识到他的邮箱没有空间了，于是给他打了电话，提醒他该清理邮箱了。他嘴上答应得非常响亮，但第二天我给他发邮件时，邮件依然被退回。我明白了，对方根本没有清理邮箱。于是，我把准备好的合同发给了另外一位客户，就这样，之前那位客户失去了一次合作的机会。

如果有一天，你的邮箱无法收到邮件，而你却不以为然，你担不担心一单生意与你擦肩而过呢？当好心的客户提醒你该清理邮件了，你会不会重视起来，立即着手去办呢？下面就来介绍几种最简单的邮件管理方法。

1. 定期清理，让无用邮件走开

打开你的邮箱，看看有多少邮件是没有用的。那些莫名其妙的广告信息，那些你曾经登录、哪怕只登录一次的购物网站发来的邮件，那些群邮件，几乎都可以列为“无用”文件。既然是无用的，为何让它们留在你的邮箱里，无情地占据你的邮箱空间呢？

也许你真的很忙，但只要你少看一则新闻、少聊一次 QQ，整理邮箱的时间就腾出来了，不要多，每天 3 分钟足矣。快速地浏览邮件的标题，一封邮件有没有用你就心知肚明了，然后迅速地删除。这样一番下来，你至少可以删除 50% 的邮件。

清理无用邮件不仅是邮箱管理最基本的手段，还是排解工作压力，舒缓紧张身心的好办法。当你看见一封封没用的邮件被扫地出门时，你的内心也会像邮箱一样豁然开朗起来。

2. 给邮件归类，让邮箱不再混乱

当你清理了无用的邮件之后，就有必要对剩下的有价值的邮件进行一番整理归类了，整理归类的目的是便于今后翻阅和寻找相关邮件。下面以 QQ 邮箱为例，介绍一下基本的邮件归类方法。

第一步：登录邮箱首页，单击上方的“设置”按钮。

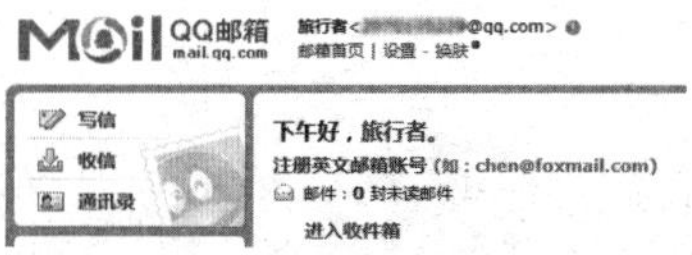

第二步：在邮箱设置中，选择“收信规则”。

第三步：进入收信规则后，找到“创建收信规则”，单击进入。

第四步：在创建收信规则里，单击“启用”，再单击“如果发件人”，并在后面的空白处填写你的邮件归类标准，比如填写“@baidu.com”，就意味着将所有含有“baidu”后缀的邮件归为一类。同理类推，你可以结合与自己经常有邮件来往的发送人的邮箱地址，加上相应的后缀，那么他们的邮件就

会被自动归类。

第五步：为每个新建文件夹命名，比如“百度邮件”。

当你完成这一步之后，以后别人发送的邮件就会自动归类到你创建的文件夹中。当你查阅时，就可以非常有针对性地打开相应的文件夹，从而避免盲目寻找耽误时间。

行动方案：

马上打开你的计算机，进入你的邮箱，对邮箱来一次“大扫除”！

通用电气：注意打理自己的外表

无论你做什么，保持你的外表。

——英国小说家查尔斯·狄更斯

领导学形象专家乔·米查尔曾经说："形象如同天气一样，无论是好是坏，别人都能注意到，却没人告诉你。"身为一名职场人士，不论你是在公司里坐班，还是走出公司，代表公司接待客户或参加商务谈判，你都需要小心翼翼地打理你的外表，让你的形象发挥最大的功效。

为什么有许多优秀的人才常年在一个职位上停滞不前？为什么有些人受客户欢迎，只要他出面就能谈成合作、就能签单，而有些人则不受客户欢迎？

是他们不够努力吗？是他们缺少聪明才智吗？或许这些都不是关键，而是他们没有展示出自己的潜力，他们的形象让老板觉得“他们不适合更高的职位”，让客户觉得不舒服，并进一步觉得他们的产品不靠谱，不值得信任。要知道，一个人的外在形象展示给别人的不仅是外表那么简单，还反映出一个人的内在素质。

很长时间以来，人们一直相信工作效率、能力、可靠性，以及勤奋工作是职位晋升的重要条件，是赢得客户好感、同事信赖的关键，这当然没有错，可这些还不够，还必须重视打理自己的外表，塑造一个良好的形象。

那么，怎样的形象才是最成功的形象呢？答案是展示出一个与你的职位相符的形象，让人从这个形象中看到你是有潜力、值得信赖的人。这样你的老板和上司才更容易相信你适合更高的职位，你的客户才更容易相信你推销的产品。

美国著名形象设计师莫利先生，从《财富》杂志排名前300名的公司里，随机调查了100名执行总裁，问他们如何看待一个人的形象在职场升迁中的作用。其中，

92% 的人表示：选择助手时，不会选择那些不懂穿着的人。

93% 的人表示：在首次面试中，如果求职者的着装不合适会拒绝录用。

97% 的人表示：懂得并能够展示外在魅力，会获得更多的升迁机会。

100% 的人表示：如果有关于商务着装的培训课程，他们会送子女去学习。

100% 的人表示：企业应该有一本专门讲述职业形象的书籍，以供职员们阅读和学习。

很多公司的管理者认为，优秀的形象比研究生的学位更重要。加拿大某保险公司人事部门主管，在谈到形象的重要性时说：“我们的职员代表着公司的形象，职员的形象反映着我们的产品质量。”

一位英国公司的总裁则说：“一个价值几千万英镑的名牌，能被几个在见客户时穿着随便、挺不起身板、叼着烟卷在门口踱步的员工贬值！”你的

外在不只是你的个人问题，还代表着公司的形象，影响着公司的利益。所以，你没有理由不重视打理自己的外表。

1. 牢记职场着装原则

常言道："人靠衣装马靠鞍。"如果你想打理好自己的外表，塑造出良好的形象，就需要牢记职场的着装原则，严格按照这些原则着装。也许你觉得自己只是一名普通的小职员，没必要穿得那么正式，穿得那么"高调"。殊不知，西方有句名言是这样说的："你可以先装扮成'那个样子'，直到你成为'那个样子'。"也就是说，如果你想成为职场的成功人士，那么不妨先让自己穿得像个成功人士。当你看起来"像个成功的人"时，人们就会选择相信你的公司也是成功的，因而愿意与你打交道，愿意与你的公司合作。

着装本身是一种武器，它能反映出你的个性、气质，甚至内心世界。一个穿着有品位的人，必然在职场竞争中占据上风。下面就介绍几个着装的原则：

（1）干净整洁。保持衣服清洁干净，经常熨衣服，让衣服整洁。

（2）符合潮流。既不能太前卫、时髦，又不能太保守、复古。毕竟职场不是时装走秀，也不是古装戏的拍摄地。

（3）符合个人身份。如果你是普通职员，就穿得像个职员——普通的西装、皮鞋即可，加上公文包；如果你是中层管理者，可以稍微注重着装的品质，即服饰的质地。无论你怎么穿，职业装都是最合适的。

（4）扬长避短。假设你个子比较矮，可以穿一双增高皮鞋，并理一个可以修饰脸型的发型，让两边的头发短，头顶的头发蓬松起来，这样可以让你更有精神，看起来身材更修长一点；假设你的脖子较短，穿无领衫比较好；假设你的腿粗，最好别穿裙子；假设你个子很高（女性），尽量穿低跟的皮鞋；等等。

（5）区分场合。场合分为公务场合、社交场合、休闲场合。谈判场合就属于公务场合，这时应穿得庄重保守。男士可穿西服套装，女士可穿西服套裙，不宜穿得太随意、太休闲。企业联谊会就属于社交场合，这时着装应大方得体。因为社交场合的主要目的是交友，比如以舞会友的舞会、以宴会友的宴会等，大方得体有助于大家轻松愉快地交流。职场中的朋友见面，所处的环境就属于休闲场合，这时对着装的要求不是很高，基本的要求是舒适自然，可穿的服装有休闲系列，包括休闲装、牛仔装等，也包括各色时装。

下面附上职场人士必备的着装和服饰，仅供参考：

职场男士必备的着装服饰	
一套黑色西装	5~8 条单色、条纹的领带
一套藏青色西装	皮质手提箱
一套铁灰色西装	两条黑色或棕色的皮带
2~3 套细条纹或其他颜色的西装	两双黑色商务皮鞋（不用系鞋带）
5 件白色长袖棉质衬衫	两双黑色商务皮鞋（系鞋带）
蓝色或细条纹衬衫	四季皆宜的短大衣
一块优质的手表	一款适合自己的香水
职场女士必备的着装服饰	
黑色或灰色的职业套装	3 条丝巾或围巾
藏青色或黑色的西装套装	黑色高跟鞋
3 套互相搭配的上衣和裙子	黑色皮带
两件白色或粉色的衬衫	黑色、棕色或暗红色的皮包
配套的项链、手镯	黑色、棕色、粉色的风衣或大衣
质地优良的手表	两款适合自己的香水

2. 模仿成功者的言辞、表情和动作

打理自己的外在，树立良好的形象，首先要从着装上入手，又不仅限于此，还应该在言辞、举止、表情等身体语言上下功夫。因为一个人的精神状态，也属于外在形象的重要组成部分。如果一个人着装像个成功人士，但神态、举止、言辞不得体，那么也不可能给人留下成功者的印象。

世界上杰出的企业领导人，无一不重视员工的精神面貌。通用公司前CEO 杰克·韦尔奇在这方面特别严格，他要求员工“像清除园中的杂草”一样打理自己的外在。为此，他定期察看职员的照片，如果发现员工低垂着肩膀、睡眼惺忪或者耷拉着脑袋，就会毫不犹豫地指出：“这与公司的形象不符，这样的人能干好什么？”他还以应聘者的外表权衡是否录用这个人。比如，

在招聘市场营销人员时，他会选择那些外表英俊、谈吐流畅的应聘者。

为了让自己拥有成功者一般的精神面貌，你可以先选择一个成功的偶像作为模仿对象，模仿他的说话方式，模仿他的肢体语言，模仿他的神态等，直到你看起来像成功者为止。曾被提升为公司营销部经理的本杰明就是这么做的。在进入公司后，本杰明多年未得到提拔，后来他接受了形象设计师的忠告，积极打理自己的外表，模仿成功者的言谈举止。

本杰明选择的模仿对象是英国前首相布莱尔和美国前总统克林顿，为此他经常观看他们演讲的视频，并认真观察他们的言行举止，然后练习和模仿。慢慢地，他的举手投足之间有那么几分领袖气质，并且在一次商业谈判中，他成功为公司拿下了一笔大生意。随后，公司提拔他为营销部总监。本杰明总结自己的职业晋升经验：像领袖那样思考，像领袖那样说话，像领袖那样流露表情和表现肢体动作，总有一天，你会成为领袖。

友情提醒：

着装禁忌要注意

1. 忌过分鲜艳！
2. 忌过分杂乱！
3. 忌过分短小！
4. 忌过分透视！
5. 忌过分暴露！
6. 忌过分紧身！

06

效率：把更多的时间花在重要的事情上

每一天我们都要面对很多工作，可不知你是否想过：同样都是工作，不同的工作却有着不一样的重要性。如果懂得把80%的时间和精力用在20%的重要工作上，那么你往往可以获得事半功倍的工作效率。

帕累托：80/20 法则

把 80% 的时间和精力放在 20% 的重要事情上。

——意大利经济学家帕累托

在我们周围，很多人经常被这样的感觉困扰：好像时间永远不够用，工作永远做不完，自己永远在疲于奔命。这究竟是什么原因造成的呢？人们很少进行这方面的思考和分析。其实，造成瞎忙、低效的根源是不会分配时间、不会管理工作，不懂得把主要的工作时间和精力放在最重要的工作上。如果他们懂得把 80% 的时间和精力用在 20% 的重要工作上，那么一切都会变得轻松起来。

“把 80% 的时间和精力放在 20% 的重要事情上”，这就是著名的“80/20 法则”的精髓。80/20 法则又称二八法则，是 19 世纪末 20 世纪初意大利经济学家帕累托提出来的。它的大意是：在任何特定群体中，最重要的因素往往只占少数（大概 20%），而不重要的因素则占大多数（大概 80%）。因此，只要你控制好最重要的少数因素，就可以轻松地掌控全局。在工作上，如果你能有效地运用二八法则，将会取得意想不到的收获。如下图所示：最重要的 20% 的工作产生的却是 80% 的效果。

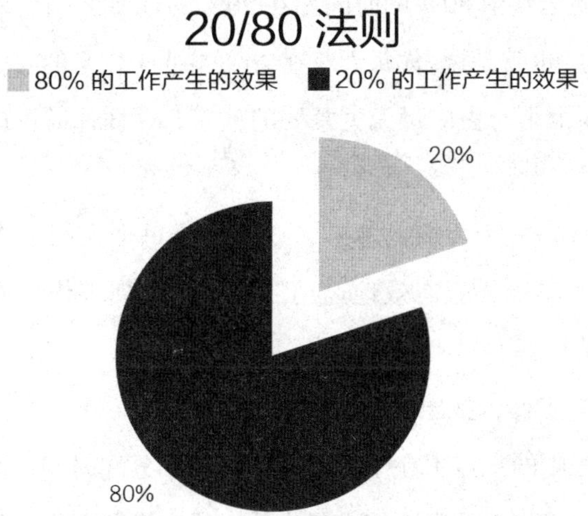

弗莱德是一家咨询企业的老板，他靠咨询事业赚得千万财富。然而，他并非商学院出身，也没有过人的才华，他唯一擅长的就是分配时间和精力到不同的工作上。在弗莱德的公司里，每一名员工一周的工作时间几乎都在 70 小时以上，但弗莱德却很少进公司，在工作上花的时间很少。他一般只出现在每个月的股东大会上，而且是全球股东都得参加的会议。

你一定非常好奇，弗莱德的时间和精力都用在哪里了呢？答案是他用来思考，用来与公司 5 个最重要的下属打交道。通过掌控这 5 个下属，弗莱德很好地掌控了整个公司的经营。这就是他的管理秘诀，也是他的成功之道。

有个成语叫作“事半功倍”，每个人都想达到这种工作效果，弗莱德则是这方面的典范。事实上，你完全不必羡慕他，因为如果你能用好二八法则，你也能达到事半功倍的工作效果。对于职场人士来说，通常只需要一点点方法上的改变，就能取得巨大的工作绩效。根据二八法则的原理，如果你能在重要的事情上花 80% 的工作时间（其实用不着花 80% 的时间），你便能收获比以往好得多的工作绩效。

我们可以做一道简单的数学题：假设你每天 9:00 上班，17:00 下班。工作时间为 8 小时，扣除午餐 1 个小时，只有 7 个小时的工作时间。按照二八法则的原理，你要把其中 80% 的时间用在 20% 的重要工作上，即 7 个小时 × 80%=5.6 个小时。也就是说，你每天花在 20% 重要工作上的时间为 5.6 个小时，再用剩下的 1.4 个小时去应付无关紧要的琐事，这样你就可以在工作中游刃有余。

当然，这只是一个大概的标准，还需结合每个人的工作性质和每天的具体工作量来调整。要想有效地运用二八法则管理工作，你需要注意两个重点。

1. 分析你的工作，找出 20% 的关键因素

运用二八法则的难点不在于如何计算时间、分配时间，而在于你首先必须找到最重要的工作，找出决定你工作效率最关键的因素。如果你连这个都找不出来，那你怎么去分配时间呢？

曾有一个人问麦肯锡：“我怎样才能提高利润？”

麦肯锡没有直接回答，而是问对方：“你的利润是从哪里来的？”

这是一个非常重要的答非所问，它比直接告诉对方答案更重要。这让提问者意识到分析自己的利润来源，分析自己的客户有多么重要。为了替提问者找到“利润从哪里来”，麦肯锡的团队结合他所提供的客户资料，进行了分类和分析，把每一个客户与他的公司进行业务往来的资料都整理了一遍，最后发现了一些重要情况：80% 的销售额来自 20% 的大客户，20% 的营业

额来自剩下的 80% 客户。

明白了这点之后，麦肯锡建议提问者，把主要精力（80%）放在维护那 20% 的大客户上，想办法从他们那里获得更多的合作，把 20% 的时间和精力用来维护 80% 的小客户。如果时间有限，甚至可以舍弃其中一些小客户。

很多人不知道如何提高工作效率，症结是不知道效率从何而来，利润从何而来。一旦搞清楚了这个问题，一切就会变得简单起来。所以，你要掌握的是从繁杂的工作中发现重要的工作，从复杂的客户中发现重要客户。为此，你可以这样做：

（1）把所有的工作列出来，记录在待办事项清单上。

（2）分析这些工作的重要性、轻重缓急。要想顺利做好这一环节，你可以考虑这些工作对全局工作的影响。

（3）按照工作的轻重缓急排序（前文已经讲过，此处不再赘述）。

（4）为各项工作分配时间，设定完成的时间段。

2. 集中“优势兵力”攻击“重点目标”

当你做好了第一步工作之后，剩下的就是执行的问题了。执行时，要坚持一个原则：集中“优势兵力”攻击“重点目标”，即把时间和精力优先放在重要的工作上。为此你要做好防干扰工作，拒绝被无关紧要的小事影响，努力减少被同事打扰的可能性。至于其他不重要的工作，你可以放在后面再做，如果时间不允许，可以干脆放弃。这也不会影响到你的整体工作绩效。

蓝迪曾是一名军人，退伍后他创办了自己的公司。在公司里，他是最悠闲的人。虽然是公司的老板，但他很少管行政事务，而是交给部属去管。他的主要时间和精力用在思考如何提高与重要客户的交易额上，然后思考用最少的投入达到此目的。每一个工作日里，蓝迪的手头从来不会同时有多于 3 件的工作。对于多出来的工作，他总是交给部属去完成，这样很好地保证了他的时间和精力可以用在 20% 最重要的工作上，大大提高了他的工作效率。

作为一名公司管理者，你可以告诉员工：“在我某个工作时间段内，不许打扰。”但作为普通员工，难免会被突如其来的工作安排打乱计划。因此，为了把临时任务对你造成的干扰降到最低，在给重要工作分配时间时，有必要多预留一些时间以应对临时的工作，避免你的原工作计划被打乱，从而保证最终的工作效率。

假设你今天头等重要的工作是制定活动策划，你给这项工作安排了 2 小时。为了预防上司临时给你安排工作，或者同事中途打扰你，你可以预留 15~20 分钟时间，即最终给制定活动策划的工作分配 2 小时 20 分钟。

小问题：

本月员工的工资收入有些变动，许多人拿着工资单来找会计，要求给予解释。按照习惯性思维，会计往往会一个个地向前来咨询的同事解释，现在了解了二八法则之后，如果你是会计会怎么处理？

提醒：

思考一下同事们可能存在的疑问，然后写一封电子邮件发给每位同事，或发到公司的社交群组，提醒大家看“公告”。

彼得·德鲁克：永远做正确的事

效率是“以正确的方式做事”，而效能则是“做正确的事”。

——现代管理大师彼得·德鲁克

愚公移山的故事想必大家都听过，讲的是高龄的愚公开山修路的故事。虽然它谱写了一曲勤劳之歌，但身处如今快节奏的时代，愚公的做法却不值得提倡。理由是与其移动大山，不如学学“孟母三迁”，毕竟搬家比移山难度小得多。

美国著名的管理大师彼得·德鲁克曾在自己的著作《有效的管理者》中，简明扼要地指出：“效率是‘以正确的方式做事’，而效能则是‘做正确的事’。

效率和效能不应偏废，但这并不意味着两者具有同等的重要性。我们当然希望在取得高效能的同时，又有高效率，但是当两者无法兼得时，我们首先应着眼于效能，然后设法提高效率。”

多么经典的论断！效能比效率更重要，就好比方向比努力更重要一样。虽然两者都非常重要，但有一个先后次序。前提是选对方向、走对路，其次才谈得上如何行走、如何快走。同样的道理，只有先做正确的事，才谈得上正确地做事。如果一开始就在做错误的事，即便你很努力、效率很高，也比不上一开始就做了正确的事的人的效率。

美国华盛顿广场上，有一幢著名的大厦，名叫杰斐逊纪念大厦。曾有一段时间，人们发现这幢大厦的某处墙面上出现了裂纹。为了保护好这幢大厦，相关部门组织专家专门进行了研讨和分析，试图找到大厦出现裂痕的原因和补救措施。最初，大家认为损害大厦的元凶是建筑物表面腐蚀性的酸雨。为此，专家们精心设计了一套详尽的维护方案。

就在大家准备把这套维护方案付诸实施时，有一位专家提出了异议。他认为应该进一步研究为什么大厦表层会有腐蚀性的酸雨。这一提议得到了大家的赞同，于是专家们继续深入分析，最后他们发现：原来这些腐蚀性的酸雨来自鸟粪。

为什么墙壁上有鸟粪呢？因为大厦周围聚集了很多燕子。

为什么大厦周围有很多燕子呢？因为大厦的墙面上有燕子爱吃的蜘蛛。

为什么大厦的墙面上有很多蜘蛛呢？因为大厦四周有蜘蛛喜欢吃的飞虫。

为什么大厦周围有那么多飞虫呢？因为大厦的窗子透出来的光线太充足，致使飞虫聚集于此，并且快速繁殖……

最终，专家们发现要想保护大厦的墙体，办法非常简单，就是把大厦的窗帘拉起来，减少玻璃的反光性，一切问题都迎刃而解了。

如果专家们不一步步找出原因，他们很可能要每年花上几百万美元，采用现代高科技的清洁技术去维护大厦的墙体。这不就是在做错误的事吗？虽然现代高科技的清洁技术很先进，工作效率很高，但由于没有正确地做事，导致在解决问题时治标不治本，结果费时、费力、费钱不说，还无法达到满意的效果。相比之下，由于专家们最终找到了根源问题，轻松达到了目的。由此可见，做正确的事是高效的前提。

这不由得让人想到另外一个故事：

有一段时间，动物园的工作人员发现袋鼠总是跑出笼子。于是，大家开会讨论，最后一致决定加高笼子，从原来的 10 米高加到 20 米高。可是加高笼子后，袋鼠依然跑出笼子，于是大家决定继续加高笼子，把笼子加高到 30 米。可没想到的是，袋鼠还是会跑出笼子。

一天，长颈鹿和袋鼠们在闲聊："你们看，那些人真傻，他们会不会继续加高你们的笼子呢？""很难说，"袋鼠说，"如果他们再忘记关门的话！"

这是一个充满讽刺的寓言故事，形象地呈现了那些只知道做事，却不知道做正确事的人。在职场中，只知道"加高笼子"的人有很多，也许他们加高笼子时很卖力、很有速度，但永远称不上高效，只因为他们没有做正确的事。那么，怎样才能做正确的事呢？

1. 先停下手头的工作，找到正确的事情

奥姆威尔·格林绍是麦肯锡的资深咨询顾问，他曾经指出："我们不一定知道正确的道路是什么，却不要在错误的道路上走得太远。"这句告诫对每个人都很有意义，它告诉我们一个很重要的工作方法：如果我们一时还弄不清什么是正确的事，那最起码应该先停下手头的工作。停下手头的工作，你才能好好思考什么是正确的事，才能避免在错误的道路上走得太远。

2. 找出正确的事，也就是找到最重要的事情

工作就是解决问题，有时候问题摆在桌面上，上司让你去解决。问题本身已经相当清楚了，解决问题的办法也很清楚，但是在你解决这个问题之前，请确保自己正在做正确的事。很有可能是，你有更重要的工作要做，在这种情况下，你应该把重要的工作先搞定，再去解决这个不太重要的问题。

3. 聪明地表述你的观点，争取先做正确的事

有位医生发现自己的患者在轻微头疼的症状下掩盖了某些严重的疾病，他告诉患者："先生，我可以治疗你的头疼，不过我认为这是某种更严重病的症状，我会做进一步检查，努力祛除你的病根。"这位医生的做法很明智，他懂得治病要治本的道理。

同样，在工作中，你也可以参考这种方法去工作。比如，老板要求你解决某个影响公司业绩的问题，你分析之后认为，造成业绩问题的根源是另一个更重要的问题。这时你可以对老板说："你让我去解决 X 问题，但我分析之后，发现真正影响公司业绩的问题是 Y。如果你要求我现在解决 X 问题，我乐意这么做。不过，我认为应该把精力放在解决 Y 问题上。这更有利于提升我们公司的业绩。"

友情提醒：

面对一项工作或一个问题，最大的误区就是不加思考：不搞清楚完成这项工作的关键，或不研究这个问题的症结，就想当然地行动起来。这样往往会白忙活，浪费时间，效率低下，因此一定要注意避免。

麦肯锡工作法：一个垒一个垒地打

一次做好一件事的人比同时涉猎多个领域的人要好得多。

——世界潜能开发大师博恩·崔西

有一次，麦肯锡公司邀请了一位客户来演讲。演讲者是一家大型电子公司的首席执行官，他曾经是麦肯锡的职员。他在演讲中表达了这样的观点：“别把球打出场，一个垒一个垒地打。”演讲者的意思很明显，就是你不可能一口气把所有的工作都做完，当你面临的工作很多时，你唯一能做的就是一个工作接一个工作地处理，在单位时间内，你一次只能做一件事。

在美国纽约中央火车站的问询处，每一天都人潮拥挤，过往匆匆的旅客争着抢着询问自己的问题，希望在这里获得帮助。接受问询的工作人员面对的压力之大可想而知，疲于应答也许是他们唯一能做的。

然而，有一位工作人员却是个例外。他每次接受旅客的询问时，无论旅客问什么问题，他都会面带微笑、表情淡定地耐心回答。有一次，一个矮胖的妇女匆匆跑过来询问，他倾斜着半个身子去倾听："是的，你想问什么？"

正当妇女结结巴巴地回答时，一位穿着入时、手提皮箱的男子试图插话询问。没想到，这位工作人员却旁若无人，只是继续注视着那位妇女："你要去哪里？"

"春田。"妇女说。

"是俄亥俄州的春田吗？"

"不，是马萨诸塞州的春田。"妇女说。

他根本不用看列车时刻表，顺手一指说："那班车次在 10 分钟之内就要出发了，在第 15 号月台出车。你不用跑，时间还很充裕。"

"你说的是 15 号月台吗？"妇女问。

"是的，太太。"

妇女转身离开后，他再将注意力转移到那位之前准备插话的男子身上。但是没过多久，那位妇女又回来了，问道："你刚才说的是 15 号月台吗？"这一次，这位工作人员没有理睬她，而是集中注意力接受那位男子的询问。直到男子满意地离开，他才把注意力再转移到那位妇女身上。

有人曾问这位工作人员："你能不能告诉我，你是如何做到保持冷静和专注的？"

得到的回答是："我没有和公众打交道的习惯，我只是单纯地一对一地为旅客服务。忙完了一位，再换下一位。在每一个工作日里，我一次只服务一位旅客。"

这就是那位工作人员淡定自若的原因。看看我们身边，有多少人在工作中把自己搞得紧张兮兮、疲惫不堪，而且效率低下？也许他们工作太多，但关键是他们没有掌握高效工作的方法：一次只做一件事。他们总是试图一心二用、一箭双雕（甚至一心三用、一箭三雕），以为同一时间做的工作越多，效率越高，却不知结果恰恰相反。

著名的成功学家、潜能开发大师博恩·崔西有一句名言："一次做好一件事的人比同时涉猎多个领域的人要好得多。"富兰克林就恪守了这条原则，他将自己一生的成功归功于"在一定时期内不遗余力地做一件事"这个信条。对于很多职场人士来说，每天面对的工作很多，而高效能人士每次只做一件事，这就是他们取得高效工作最简单的方法。

事实上，我们可以想象有一个沙漏，那些繁杂的工作就是沙漏中的沙子。如果你想让沙漏里的沙子尽快漏下来，最好的办法不是用力地往下挤压沙子，使更多的沙子同时漏下来，而是顺其自然，让沙子有秩序地一粒粒漏下来。这样既能保证运行的效率，又能井然有序。

同样，当你面对多项工作时，与其忙碌着抢时间、抢工作，频繁地更换工作内容，幻想同一时间做好多项工作，不如老老实实地遵循"一次只做一件事"的原则，这样既能保证你的工作效率，又能让你有条不紊地开展工作。这就是"不贪多、不求快，专注把活干"的美好结果。

细细分析"一次只做一件事"的工作法则，你会发现它包含了两个重要因素：一是每一时段都有一个清晰的工作目标，二是做每一项工作都集中精力，保持专注。下面，就从这两个方面探讨如何"一次只做一件事"。

1. 目标：一个时段只有一个工作目标，只有一个工作重点

高效工作的最大敌人就是目标混乱不清，就像打猎一样，如果你的目标过多，当多个猎物出现时，你甚至不知道瞄准哪个猎物，最后很可能一个猎物也打不到。工作目标太多，造成的是思想上的混乱，而思想一旦混乱，行为就变得混乱，还会出现迟缓，甚至"死机"。这就是很多职场人士觉得忙、觉得累的一个重要原因。

所以，从这一刻起，为你的大脑减负。你要做的就是在一个时间段确定一个工作目标，全力以赴地完成这个目标。你可以这样做：

（1）每天上班之前，把当天要做的工作列一个清单。

（2）按照这些工作的轻重缓急程度，排列一个先后次序。

（3）给每项工作预设一个工作时间段，在特定时间段只做这件事。

（4）做完一项工作后，可以短暂休息，然后继续下一项工作，如此类推，直到下班。

2. 专注：眼中只有当前的工作，其他的工作请选择暂时遗忘

炎热的夏天，你拿着一个凸透镜将阳光聚焦到报纸上，只要你坚持一段时间，报纸就会被点燃。如果你不停地挪动凸透镜，使凸透镜聚集的光点在报纸上移动，那么报纸永远无法被点燃。这就是专注和坚持的神奇力量。

有为青年向昆虫学家法布尔请教："我把全部的精力都花在我爱好的事业上，但结果却收效甚微。"法布尔赞许道："看来你是一位积极上进的有志青年。"

青年说："是啊，我爱科学，也爱文学，还对音乐和美术充满兴趣，我把时间和精力都花在了这些上面。"法布尔从口袋里掏出一块凸透镜，对青年说："请你像这块凸透镜一样，把精力集中到一个焦点上，并且有所坚持。"

世界上所有的高效能人士几乎都有一把成功的钥匙。钢铁大王卡内基、石油大王洛克菲勒、美国银行家摩根等人都曾经用这把钥匙打开成功之门。如果你要问这把钥匙是什么，他们会告诉你："这把钥匙是专注。"他们的专注表现为一生只做一件事，这是一个漫长的坚持。对于绝大多数人来说，做不到一生只做一件事也没有关系，只要能坚持"一次只做一件事"，成功之门也会为他们打开。

"一次只做一件事"表现出来的专注，就是在某一时间段里集中精力去做这件事。比如，你列好待办事件清单之后，把事情排出先后顺序，并设定完成的时间段，在这个时间段里，你全力对付这件事就可以，至于其他的事情，你不妨选择暂时遗忘，不要去想它们，不要去管它们。哪怕后面还有一大堆工作要做，你也不要去想，你要做的就是当下这件事，不断地做当下这件事，直到所有的工作逐一被你搞定为止。

小思考：

如果两件事、三件事，甚至四件事同时发生，而且都要你一个人来做，你会怎样处理？

提醒：

迅速地在大脑里思考，最应该先做哪件事，简单地排次序，然后一件件地去完成，切忌手忙脚乱。

日式工作：无论做什么都一次到位

一开始就要怀着最终目标去工作。

——日式工作法

你坐在沙发上剥着橘子，然后把皮往不远处的垃圾桶里一抛，结果抛在了地上并且弄脏了地板。于是，你有点小懊恼地站起来，走过去弯腰捡起橘子皮，并且拿起拖布把弄脏的地板拖干净。最后，你坐回沙发，享受你刚才剥好的橘子。

在我们的生活中，有很多这样的例子。原本你想少走两步路，但由于偷懒没成功，你不得不重新去做。如果第一次就把事情做到位，你就不用推倒重来或修正，这样你就可以避免走弯路，就可以节省很多时间和精力。

在工作中，树立“第一次就把工作做到位”的意识并养成这个习惯很重要。这表现出来的不仅是一种工作态度，更是一种工作能力。这种态度和能力关系到执行的效率和质量，关系到你在上司心目中的形象，关系到你在公司中的升迁。

有时候，第一次没有把工作做到位，影响的不仅是自己的工作效率，还会直接损害公司的利益、声誉。因为每一位职场人士，都是公司里重要的一员，是公司高效运转不可或缺的环节，就像木桶壁上的一块块木板，如果某一块木板太短，肯定会影响整只木桶的盛水量。而且，每一位职员走出去代表的都是公司。如果自己的工作没做到位，那么肯定会影响公司的形象。

李哲是一家广告公司的广告页面设计员。有一次，他在为客户设计广告宣传单时，不小心搞错了客户联系电话中的一个数字。设计排版之后，他也没有检查，就急急忙忙地交给打印部门打印。当他们把打印好的宣传单交给客户时，客户也没有检查。

第二天，在客户的产品发布会上，这些广告宣传单被发放出去。产品发布会收到了很好的效果，可是发布会结束后，客户公司没接到一个顾客来电。他们感到不对劲，一看广告宣传单，发现上面的电话号码写错了。

客户非常气愤，要求李哲所在的广告公司赔偿巨额损失。这种损失不仅是印制 1 万份宣传单所花的费用，还有企业形象和利益损失费。由于李哲的广告公司确实有错，再加上客户召开产品发布会的费用很大，广告公司只好按照要求赔偿。

然而，事情并未就此结束。很快，这件事就传到了公司其他客户那里，致使该广告公司的形象和声誉严重受损。从那以后，广告公司的生意越来越少，以前和自己合作过的老客户都纷纷离去，因为他们也怕这种事情出在自己身上。

有些职场人士认为，第一次没把工作做到位不要紧，大不了修改和补救。

然而，李哲的故事让我们看到，有些工作是无法补救的，一旦第一次没做到位，就可能永远失去了机会。比如，失去了客户的信任，失去了到手的生意。

1. 领会了上司的旨意再去做

你走进一片丛林，开始清除矮灌木。当你费尽千辛万苦，好不容易清除完一片矮灌木，直起腰来准备歇口气时，猛然发现：面前这片灌木林不是你要清理的，你要清理的灌木林在另一边。

在职场中，有多少人在工作时会出现类似的错误？接到任务就去做，可做着做着发现不对劲，再一思考，发现自己领会错了上司的旨意，执行偏离了方向。要想避免出现这样的低级失误，避免第一次就把工作搞砸了，你要做的就是在接到工作指令时，思考清楚到底要做什么，若不清楚，你可以向上司问明。切不可想当然地理解，慌忙地行动。

2. 一开始就要怀着最终目标去工作

做任何工作，如果没有目标，就不可能有切实的行动，更不可能有满意的结果。高效能人士的最大特点是，做事之前会想清楚自己要达到怎样的目标，然后围绕这个目标进行精心的安排和周到的布局，保证目标顺利达成，绝对不是想一步做一步，做到哪儿算哪儿，做得差不多就行了。

孙先生的好朋友从日本回来，计划开一家日式料理店，让他帮忙选择店址。他们跑遍了整个城市，看了很多房子，最后从中挑出 10 个较为不错的，并把它们的位置、环境、布局、价位等列成清单，进行反复对比，最终确定了最为满意的 3 个。孙先生以为随便从这 3 个中选一个就可以，没想到朋友还要继续比对这 3 个店址。为此他制作了一个更加详细的数据表，委托一家信息咨询公司做市场调查，根据调查的回馈，最后确定了一个。

接下来开始装修。朋友找到装修公司后，对他的负责人详细描述了自己的意图，对方很有耐心地听着，孙先生也在一旁听。孙先生开始觉得朋友很认真，到后面他不耐烦了，因为朋友讲得太详细了，不仅店内所有的空间设计都讲了，还有厨房、卫生间等每个角落都详细地讲。这让孙先生觉得朋友突然很陌生，心想：他什么时候变得如此磨叽？

终于，店面装修完成了。进到店里面，给人的第一感觉是舒服，第二感觉、第三感觉还是舒服。因为所有该考虑的问题，朋友都考虑到了。可朋友还是不放心，要求孙先生提出意见，看什么地方做得不到位。孙先生终于忍不住了，催促道："你怎么这么婆婆妈妈？赶紧开业吧！早开业一天，早赚一天的钱。"

朋友说："不着急，开业还要等一周，从明天开始，你帮我做件事，给我宣传一下，带你的亲朋好友来我店里，全部免费，但有一条，每吃一次，至少要让他们提一条意见。"

孙先生感到莫名其妙："这究竟是为什么啊？你是不是发烧了？"

朋友耐心地解释道："在开业之前，我必须把所有可能让顾客不满意的地方都剔除。因为在日本，一旦你开业后让顾客感到有不满意的地方，就会失去你的顾客，后面你想让顾客回心转意就很难了。所以，必须第一次就把这些工作做好。"

一次把工作做到位，你才有机会赢得竞争的胜利，否则你想事后补救也许就晚了。这就是高效能人士的偏执，乍一看，你或许觉得他们磨磨蹭蹭，做事太慢，但他们慢中有细、慢中有全（周全），他们的慢是有效的慢，他们的慢是智慧的慢。一旦熬过了最初的慢，后面的工作就会进入快车道，而且是非常安全的快车道。

职场金句：

知道不等于做到，做了不等于做好，做了是 0 分，做好才是 100 分。

——华为狼性理念

弗朗西斯科·西里洛：分割你的时间

时间是个常数，但也是个变数。

——字严

看过 NBA 篮球赛的人大概都知道，一场比赛总共 48 分钟，被分割为 4 个小节，每个小节 12 分钟。为什么要这样分割比赛时间呢？具体原因我们无从追究，但大概是为运动员的体力考虑，因为在高度对抗的比赛中，如果一口气打 48 分钟的比赛，运动员是吃不消的。即便坚持打下来，比赛的质量也会大打折扣，观众也会不满意。当把 48 分钟切割成 4 小块之后，运动员每打 12 分钟就可以短暂地休息片刻，缓解一下体力，补充一些能量，为下一节比赛做准备。这不失为一个健康、高效的比赛模式。

其实在工作中，我们也应该追求类似的健康、高效的工作模式。比如，把整块的工作时间切割开来，每工作一小段时间就休息片刻。这样更有利于高效工作。在这方面，我们前面提到了一个著名的工作法——番茄工作法，它是 1992 年由弗朗西斯科·西里洛创立的，下面详细介绍一下此工作法。

番茄工作法的目的

1. 减轻时间焦虑；2. 提升专注力；
3. 增强决策意识和决断力；4. 唤醒持久激励；
5. 巩固达成目标的决心；6. 完善预估流程，精确地保质保量

在运用番茄工作法时，你需要选一个待完成的任务，然后设定 25 分钟时间，这叫作番茄时间。设定时间后，开始专注地工作，中途不允许做任何与该任务无关的事情，直到番茄时钟响起，然后休息 5 分钟。这样一来，一个小时就被分割为两个番茄时间（25 分钟 +5 分钟）。每隔 4 个番茄时间，可以多休息一会儿，比如 15 分钟。

在运用番茄工作法时，以下几点需要注意：

1. 每一个番茄时间不能被打断，否则就自动作废

值得注意的是，在每一个番茄时间（25 分钟）内，你都不可以被打断。这意味着你不能在写报告的时候刷微博，也不可以去泡咖啡，或去洗手间。如果你正写着报告，突然想到有封邮件没有回复，你可以马上在本子上写道"回邮件"，然后马上回到计划的工作中。

如果有同事打扰你，或者客户打电话来，你可以礼貌地请求对方等待 20 分钟。同时，在本子上做好记录："回电话。"当然，如果有突发事件降临，比如上司给你安排一个临时、紧急的任务，你不得不从番茄时间里抽身出来，那么很抱歉，这个番茄时间就白费了。你也不用太难过，可以当这个番茄时

间从来没有开始过。

建议：学会控制自己，工作时不要朝三暮四、不要三心二意，只有控制好了自己，才能抵御外部的干扰，才能确保每一个番茄时间不被打断。

2. 严格遵守番茄时间，哪怕提前完成工作

如果你在一个番茄时间内完成了一项工作，比如只用了 20 分钟，就完成了一件待办事项，这时你不必急着开始下一项工作，或去休息。你可以检查和回顾一下你的工作，总结经验，完善你的工作成果。

建议：工作离不开检查、反思和回顾，养成这个习惯，可以帮你避免出现工作中的低级失误。

3. 如果零碎事情较多，可专门安排一个番茄时间统一处理

如果你的零碎事情很多，可以把这些事情简单记录下来，安排一个番茄时间去处理。

4. 借助网络软件，更好地运用番茄工作法

为了更清晰地明确什么时候 25 分钟到了，你可以下载一个时间软件，它可以每隔 25 分钟就提醒你休息，也可以每隔 5 分钟再提醒你工作。当休息时间到了，你应该立马停下手头的工作，就像你考试的时候时间到了，必须马上停笔、交卷一样。即使你觉得还有两分钟就可以完成工作，你最好也不要继续工作。可以起身离开你的座位，倒一杯水，或去一趟洗手间，或和同事聊聊天。

5. 把握好休息的尺度，适当地灵活应变

每 4 个番茄时间之后，你可以休息 15 分钟，如果你觉得很疲劳，3 个番茄时间之后，你就可以休息一次，或者把每个番茄时间后的休息时间延长一点。总的来说，番茄工作法要求的是我们必须有分割时间和工作的意识，有了这个意识之后，养成了按番茄时间工作和休息的习惯之后，你的工作效率自然会提高。

行动方案：

现在就开始行动，对明天要完成的工作，按照番茄工作法的要求，为它们设置相应的时间，并在脑海里预演一下明天的工作情形，从中感受高效率的惊喜。

便签工作法：1张纸归纳所有工作

简单再简单的方法就是削减功能。

——《简单法则》作者前田约翰

在写字楼里朝九晚五上班的职场人士当中，有不少人经常忘记自己的工作计划和工作重点，经常是做着手头的工作，想着下面要做的工作，可又被突然冒出来的工作打断了正做着的工作。接着，几项工作交织在一起，想做这项工作，又惦记着那项工作。到了下午，甚至记不起还有什么工作未完成。等到上司催促时，才突然一拍脑门想起来。

为什么这么健忘呢？是真的太忙碌，还是工作太多、太杂、太混乱？你是不是该想办法改变这种状况，提高自己的工作效率呢？很多人都是这么想的，但苦于不知从何着手。其实，改变的方法很简单，一张张小小的便签纸就能带你走出混乱的旋涡。

便签纸，很多职场人士都有，但他们未必会真正去用。很多人在接电话，需要记录号码、数字时，才会想到撕一张便签，一边接打电话，一边拿笔写写记记。便签的作用仅限于此吗？当然不是，它还可以成为你排列工作次序，提醒你下一步该做什么的帮手。

下面是职场老员工吴先生的工作便签，他表示有了这些工作便签之后，他的工作发生了巨大的变化。他开始热爱自己的工作，开始觉得工作是一种享受。

5月4日：
下午3点给客户回电，
确定产品价格！

5月4日：
下午4点提交项目报告！
切记！

5月5日：
早上10点，向财务递
交活动经费申报表！

5月6日：
客户款未到位，下午
2—4点，催促客户在
2天之内安排打款

5月7日：
昨天参加同行业某公司的
产品发布会，收到几名潜
在客户的名片，下午3点
之后安排电话回访

5月8日：
老板来了，就向他
提交项目计划书

看看这些便签中的待办事项，是不是感觉一目了然呢？便签起到的作用很简单——提醒、提示，同时可以帮你更好地安排工作。吴先生表示，便签可以起到提醒自己注意工作细节的作用。比如，客户打电话向你询问产品报价，而你一时间确定不了。这个时候，很多人会说“等我了解了再给你回电话”。放下电话之后，他们就把这事忘了，什么时候记起来了，什么时候再回复客户。可到那时，客户也许早已对你失去了耐心。

吴先生是怎么做的呢？他说每当自己接到类似的电话，无法当即回复对方时，他都会给客户一个大致的回复时间，然后将该事和待办时间记在便签上，再把便签贴在计算机旁边的隔板上。就像上面的便签里所记，到了相应的时间，立即回复客户。这种说到做到的表现，往往会令客户很满意，很多时候客户就因为他的这个细节而选择与他签单。

事实上，小小便签的用处远不止于此。它还可以帮你树立好合作的形象，比如当同事找你帮忙，给你交代一些工作时，你当即拿出便签记录下来，然后贴在隔板上，这就表明你已经把同事的交代列入了待办事项中，表明你重视同事的交代，这会让同事感到高兴。

小小便签还可以帮你打造职场大忙人的形象。当你的老板或上司看见你把待办事项都记在便签上、贴在隔板上时，他们自然会对你感到放心，他们会觉得你每天上班都在踏实地工作。而当他们走到你的办公桌旁，准备给你交代工作时，看见你那么忙，往往也会心生仁慈之心，把预交代的工作咽回去。

同样，小小便签还能起到委婉地拒绝同事的作用。当喜欢闲聊的同事找你时，你可以指一指排满日程的便签，同事自然领会你的意思；当同事找你帮忙时，你也可以指一指便签，让他知道你现在很忙，无法抽出时间帮忙，这样同事往往会主动收回不情之请。

便签的作用这么多，在运用便签工作法时，你需要注意什么？下面几点值得参考：

1. 一张便签只写一件事情

便签就那么一点，容不下你写太多的文字。因此，精简是要领。否则，你干脆把待办事项满满当当地写在记事本上好了，何必用便签记事呢？

2. 便签上的字要写大一些

便签上的字多大才合适呢？其实没有标准，一般来说，要保证你坐在计算机前面，不用特别留意就能看清。为了能够让自己注意到便签，你可以选择用彩色笔写便签，偶尔画一些小图形，便于提醒自己。

3. 用不同颜色的便签加以区分

市场上有些便签纸由各种不同的颜色组成，而且非常规律地装订着。因此，你可以根据各项待办事件的轻重缓急，选择惯用的颜色作为标记。比如，用最红的便签记录最紧要的工作，用最绿的便签记录最次要的工作。这样一看便签，你就知道哪些工作该最先处理了。

4. 写好便签后，立即贴起来

为什么要贴起来呢？理由很简单，因为便签是一张小纸片，如果随意放在桌面，一不小心就可能被弄到地上，这样它就失去了提醒作用。因此，最好将写好的便签贴在办公桌间隔的挡板上，而且最好整齐有序地张贴，这样一看就很明了。

5. 处理完工作要立即撕下相应的便签

当你完成一张便签上所记的工作后，将其撕下来，你会有一种成就感和轻松感。因为你能直观地看到你的工作少了一件，离完成所有工作更进一步了。

行动方案：

赶紧去买一本小便签，明天就开始使用便签工作法。

送信人：掌握汇报的技巧

哈伯德中尉，别只带着问题给我，我要的是解决方案。

——《把信送给加西亚》

在工作中，上司交代一件事给你办，你是否有及时汇报的习惯？是不是要等到上司问你事情进展得怎么样了你才告诉他？如果每个员工的工作情况都要上司来问，那么上司每天不用做别的，逐个问下属工作进展情况，一天时间就被耽误完了。一个专业称职的职场人应该养成主动汇报的习惯，并掌握正确的汇报技巧。

主动向上司汇报有两个目的：一是让上司放心。因为上司把工作交给你，并不知道你做了没有，所以工作进展到每个阶段，就向上司汇报一下，让上司知道工作进展到什么程度，上司会很放心。二是万一有问题，可以及时修正。有时候你在执行工作时，可能做得与上司期待的不一样，或你误解了上司的意图，通过积极汇报可以及时修正过来，这样可以保证执行的效果。

有着“华人管理教育第一人”美誉的知名管理培训专家余世维，讲过这样一个有关自己主动汇报的故事：

有一次，四个东京的本部长想去台湾东边的小岛上度假，那个岛不大，上面只有两家饭店。他们要求订四间连在一起的套房，还要面对太平洋。余世维打电话去问，饭店表示这样的房间都订出去了，一间都没有。于是，他马上回电给东京（当时还没有手机）：面对太平洋的套房一间都没有，但我会努力去找。那边回复两个字：了解。

余世维继续找房间，找到了两间，两个饭店各一间，于是他马上回电东京：现在找到两间，可惜不在同一个饭店，但我还在继续努力地找。那边的回复仍然是两个字：了解。余世维努力了很久，终于找到了三间在一个饭店里，可还缺一间。于是他再次回电给东京，那边的回复依然是“了解”两个字。

余世维坐小飞机飞到南屿。到达后，他问服务员：“与那三间套房连在一起的房间是谁在住？”服务员说，是一对夫妇，马上就要来度假了，今天下午就要入住。得到这个消息后，余世维就坐在大厅里等那对夫妇。见到那对夫妇带着孩子来到饭店后，余世维走上前说：“我是日本航空公司的，我喜欢您订的那间套房，您能不能让给我？”

男的说：“凭什么要让给你？”

余世维说：“您说得对，我替您找了隔壁一间套房，也是面对太平洋的，可以看到夕阳、波涛，而且免费。”

他疑惑不解地问：“真有这回事？”

“对，我一定要您的房子。”余世维说。

就这样，那对夫妇带着孩子走向了隔壁的房间。随后余世维回电给东京：

“四间套房全部找到，在南屿的绿岛饭店，三楼，连在一起，面对太平洋。”

东京的回电是：“了解，谢谢！”

后来东京的人对余世维表达了高度的赞美，说他做事认真。在这件事中，余世维一共汇报了7次，目的是让东京总部了解他的工作进度。当然，那个“免费”的套房是他自己掏腰包的，他觉得这是完全值得的，因为不久之后他就得到了晋升的机会。

身为一名员工，你有多少次主动向上司汇报了你的工作进度？可以说，很多人在这个问题上做得远远不够，正如管理上的一句名言说的那样：“下属对我们的报告永远少于我们的期望。”可见，上司都希望下属向自己汇报更多的情况。因此，如果你能早一天养成这个习惯，上司一定会更喜欢你、更赏识你。

有时候，你不仅要主动向上司汇报，还有必要向你的客户汇报，这表现出来的是你积极负责的工作态度，会让你赢得客户的好感，继而让你的公司赢得客户的好感。

有个客户打电话过来找公司的李总，当时李总不在，接电话的是李总的秘书赵女士。赵女士告诉客户：“对不起，李总这会儿不在办公室，您如果方便，请留下电话，等他回来我让他给您打电话，您看如何？”于是对方留下了电话。

不巧的是，那天李总一天都没来公司，到了快下班时，赵女士给客户打了个电话：“尊敬的客户先生，李总到现在还没有回来，我们快要下班了，如果您有急事要和他说，我会尽快找到他，让他晚上给您回电话；如果事情不是很紧急，就等到明天上班时再转告他，您看如何？”

客户说：“我找李总有急事，无论如何你都要帮我找到他，让他给我打个电话。”

结果，那天晚上赵女士花了一些时间把李总找到了，晚上7点李总给客户打了电话。

后来，客户把这件事告诉了李总，李总对赵女士有了很好的印象。那位客户也对赵女士充满了好感，对李总的公司非常信赖。

仅仅是一次小小的汇报，就能给客户留下很好的印象。这是因为汇报表达的是一种重视、是一种在乎，会让对方感到自己很重要。作为一名员工，你不仅要有很强的执行力，还应该养成积极汇报的习惯，做一个让上司放心的下属。

一般来说，需要向上司汇报的有这样几种情况：

1. 做好工作计划后

当你接到上司的工作安排后，及时做个计划，然后向上司汇报一下，让上司了解你的计划内容，或让上司提出合理化的建议或意见。上司可以从大局出发，审时度势，帮你指出计划的问题所在，确保计划的有效性，保证工作顺利完成。

2. 工作进行到一定程度时

当一项工作进行到一定程度时，主动向上司汇报情况，便于上司了解工作进展、所遇到的难题或所取得的成果，这样上司才会心中有数，便于及时给予指导和帮助。如果非要等到工作结束时才汇报，假如工作进展顺利，执行到位还好，万一执行出现偏差，到那时想采取补救措施都来不及。因此，一定要在工作进行期间，分阶段地汇报情况。

3. 需要做出超权限的决定时

这一点非常重要，作为下属，凡是超出自己权限的决定，都应该请示上司。一方面是尊重上司的权威，另一方面是为了避免承担不必要的责任。有些人会想当然地猜测上司的意图，觉得应该没有问题，或根据以往经验觉得没有问题，于是私自做超出权限的决定。这样可能会让自己陷入麻烦之中。比如，财务方面、人事方面的事情，千万不要擅自做主，而要向上司请示，请上司定夺。

4. 工作出现不良状况时

“报喜不报忧”，这是很多职场人士的通病，特别是当“忧”是自己造成的时，更会有意识地藏着掖着，生怕上司知道。他们认为自己可以摆平，没必要让上司知道。可事实上，如果真的能摆平那是好事，如果没能摆平导致问题恶化，后果就严重了。要知道，上司毕竟比下属见多识广，经历的事情也比下属多，遇到不良状况时，他们更有处理的经验。因此，碰到不良情况时千万别隐瞒，而应该及时向上司汇报，在上司的指导下克服困难，以免问题严重化。这种坦诚汇报、积极承担的勇气，反而容易赢得上司的赏识。

5. 一项工作完成后

当一项工作结束之后，千万别默不作声，而要把这项工作的整体情况汇报给上司，让上司看到你工作完成的情况，看是否有存在的问题、是否有需要改进的地方，以及如何改进，或看上司是否还有工作交代等。

职场忠告：

1. 汇报一定要有重点

很多人在向上司汇报工作时，总担心汇报的信息不够多，害怕上司万一问起来，自己答不上来。于是，汇报时他们滔滔不绝地讲，面面俱到、毫无重点，让上司听后一头雾水，还会严重耽误上司的时间。显然，这种汇报是不专业的。

其实，你完全不必担心汇报得太少会让上司对你不满意，因为汇报主要是为了让上司了解情况，所以一定要内容精简、切中要害，只有说到点子上，才有助于上司更好地了解情况、更好地指导工作。

2. 带着方案去汇报

《把信送给加西亚》一书的作者阿尔伯特·哈伯德，曾谈到自己服兵役时的一段经历：

当时哈伯德只有24岁，在驻巴拿马共和国美国南方司令部司令约翰·高尔文将军手下当助理。有一次，高尔文将军派他去完成一项任务。几天后，他抱着一大堆问题来找高尔文，把与工作相关的问题问了个遍。高尔文将军没等他说完，就厉声吼道："如果你想让我替你做工作，我要你干什么？你被撤职了，解散！"

就在哈伯德不知所措时，高尔文对他说："哈伯德中尉，别只带着问题给我，我要的是解决方案。"哈伯德这才如梦方醒。

高尔文将军的话对职场人士也是一次深刻的教育：别只带着问题汇报，你应该有自己的想法，有自己的方案。哪怕你的方案不切实际，对解决实际问题无益，起码你应该有方案，这至少表明你思考过问题。这是你应该有的一种工作态度。

一般来说，当你向上司汇报工作，尤其是汇报工作中的问题时，你最好有三种解决方案：最可行的方案＋最大胆的方案＋最可能失败的方案，而且最好能对每个方案进行利弊分析。这样在你汇报时，就可以征求上司的意见，也能让上司看到你的聪明才智。

陶行知：人力胜天工，只在每事问

发明千千万，起点是一问。禽兽不如人，过在不会问。智者问得巧，愚者问得笨。人力胜天工，只在每事问。

——中国教育家陶行知

当上司或同事委托给你一项工作时，当你发现工作中有不太正常的现象时，当工作出现不良状况时，你是否有提问的习惯呢？提问可以了解别人的想法，更好地理解别人的意图。提问还可以获得更多的客观信息，更能促使你去积极思考，寻找解决问题的答案。

举个很简单的例子，如果上司让你去买一个笔记本，你应该马上问："是买那种纯白纸的笔记本，还是买有横格的笔记本？”

如果上司说：“随便，两种笔记本都可以。”

你可以继续问：“买多厚的笔记本，是100页左右的，还是50页左右的？”

上司可能说：“买个100页左右的，厚一点的比较好。”

你可以继续问：“是要硬壳的，还是皮面的？”

上司可能说：“皮面的吧！”

当你把该问的问题都问了，了解了对方的想法时，再按照对方的想法去做，那么对方就没办法挑你的毛病。否则，当你买了空白的笔记本，对方却说：“怎么买这个笔记本，我想要有横格的笔记本。”当你买了50页的笔记本，对方却说：“太薄了，怎么不买厚一点的？”当你买了硬壳的笔记本，对方却说：“怎么不买皮面的，这个太没档次了。”这时你可能觉得委屈，觉得对方事先没讲清楚，而事实上不是对方不讲，是你没有问。所以，事先问清楚，对执行工作很有必要。

身为职场人士，爱提问是一种优秀的习惯。只要你的提问不是无厘头，就不会让人觉得莫名其妙；只要你的提问与具体工作有关，那么你的提问就会给你带来帮助。有些问题看似很傻、很笨，让人觉得不好意思问出来，于是很多人想当然地揣测别人的意图，这样就很容易造成误解，还会影响执行。

有一次，美国知名主持人林克莱特访问一名小朋友，问他长大后想干什么。小朋友天真地说：“我想当飞机驾驶员！”林克莱特又问：“如果有一天，你的飞机飞到太平洋上空，所有引擎都熄火了，你怎么办呢？”小朋友稍微思考了一下，说：“我会先让乘客们系好安全带，然后我挂上降落伞，先跳出去。”

现场观众听到这里，一个个都笑得东倒西歪，再看看小男孩，他已经哭得稀里哗啦了。林克莱特注视着孩子，耐心地问他：“为什么你要先跳出来呢？”小朋友回答说：“我要去拿燃料，我还要回来，我还要回来。”

“为什么你要先跳出去呢？”很多人也许觉得问这个问题太傻了：这不明摆着吗？小男孩想逃跑！这正是现场观众捧腹大笑的原因，他们想当然地认为自己理解了小男孩的话，揣测出了小男孩的意图，而事实上小男孩并非这么想，林克莱特的提问很好地揭示了小男孩的真实想法。

同样，在工作中类似的情况也时有发生。“我以为……”这是很多人在误解了他人意思之后，在错误地执行了上司指令后的解释。可问题是，你以为你以为的就是对的吗？很多时候，你以为的并非对的。为了避免理解错误，为了避免被假象迷惑，最好的办法就是多问，哪怕你的提问听起来很傻、很笨。

在一次管理会议上，大家都在讨论解雇某位员工，只有一位管理者问了一句：“在这名员工表现不理想期间，有人指出他的问题吗？有人提醒过他改进工作吗？”大家都说：“没有人提醒过他，也没有人指出他的问题。”

后来，那位员工的上司和他谈话，指出了他工作中的不足，明确规定了他每个月的工作量，并告诉他如果完不成这个工作量，会有怎样的后果。结果这名员工表现得非常不错，就这样一个辞退员工的事件被避免了。

其实，世界上并不存在真正的笨问题，有些问题即便听起来很愚蠢，也可能只是因为在你之前，从来没有人这样问过。如果你去问了，并且让事情因为这个问题而向好的方向发展，那么你就很容易赢得上司的赏识，赢得同事的信赖。

1. 先提出有效的问题，而不是自己苦思冥想

很多时候，要想有效地解决问题，首先要提出有效的问题，因为问题是索引，是指引你找到答案的良师益友。古今中外，任何科学探索活动开始之前，探索者都会提出一系列的问题，并根据问题先想方法，再去行动。同样，在工作中，我们也应该坚持这个原则。

约翰逊维利食品公司的老板经常抱怨公司的产品利润太低了，虽苦思冥想提高利润的办法，但一直没有什么成效。这天，秘书伊莱恩问老板：“为什么我们不对顾客直销我们的产品呢？”

“什么意思？”老板问她。

“就是绕过中间商，直接开专卖店销售我们的产品。”伊莱恩说。

老板说："你的提问很有意义，我需要认真考虑一下。"不久后，伊莱恩成为公司第一家专卖店的店长，负责一个价值数百万美元食品店的销售和管理工作。

有时候，一个简单的提问，就可以让困扰我们很久的问题迎刃而解。因为有了问题，就容易找到答案，最怕的是提不出建设性的问题，却苦思冥想解决问题的方法，就像不知道目标却在努力奔跑一样，一切都是徒劳。

2. 对于每个问题，提出几种可能的解决方案

在企业团队中，我们应该积极地提问，针对问题思考解决的方法，并彼此交换意见，这样可以逐渐对问题的答案和战略措施形成一致看法，有助于找到解决问题的有效策略。

有家咨询公司曾为一家公司提供咨询服务，以帮助他们解决员工停车位供不应求的问题。员工们希望公司出资建一个新的停车场，这意味着几十万美元的投入，对公司来说是一项大投资。而管理层以资金不足为借口，迟迟不愿意行动，却又找不出好的解决问题的办法。

后来，这个咨询团队提出了一个再普通不过的问题：有其他办法来解决停车问题吗？顺着这个问题，咨询公司找到了解决方案。

（1）如果工作允许，可以让员工在家远程办公。

（2）采取限号措施，让公司有车一族分为两队，一队今天开车上班，另一队明天开车上班，如此轮下去。

（3）鼓励员工拼车，公司补贴相应的油费。

（4）开通公司班车。

（5）鼓励远距离停车。

就这样，停车难的问题被轻松解决了。

事实上，解决停车难的问题并不难，只要转换一个思路，提出一个问题，找到思考的方向，解决的方案自然就会揭晓。在工作中，你不妨积极地提问，并针对你的提问提出几种可行的方案，积极为解决公司的问题献计献策。

三联商社：保持主动参与的热情

任何老板都想要找到这样的人，一个能自动承担起责任和自愿去帮助别人的人，即使没有任何人告诉过他要对某件事负责或者一定要去帮助别人。

——三联商社莫什·梅罗拉

职场里有这样一种人，他们秉承着“事不关己，高高挂起”的处世哲学，对待本职工作是能应付则应付，对待额外工作更是毫无热情。一项工作如果上司没有叫他们做，他们绝对不会主动去做。他们并不缺少聪明才智，缺的是主动参与的热情。

某公司有位员工明明极为聪明，但有好创意就是不向上司提。开会的时候，他从来不主动发言，可是会议结束后，他私下里和同事闲聊时，对会议上的主题内容评头论足，好创意不断。一位同事曾跟他说：“你这么有想法、这么有创意，开会的时候怎么不发言呢？”他说：“关我什么事？我为什么要替别人操心？”

公司的每一项成就都是大家创造的，在团队中哪有与自己无关的事情呢？可偏偏这种人就是这么想的，这种消极对待工作的态度往往会使他们变得平庸，得不到上司和老板的重视，事业很难取得突破。这时，他们往往还会抱怨老板偏心，而不是反省自己，改变自己不良的工作态度。

其实，绝大多数老板都是明察秋毫的，员工的工作态度怎么样、工作能力怎么样，他们心里都有数。相比于有才华却不积极贡献才华的人，老板更喜欢能力差一点，但工作态度积极，永远保持主动参与热情的员工。

所以，在职场中千万不要把付出与收获算得太清楚。如果你觉得领多少薪水，就应该干多少事情，那么你永远只能领那么多薪水。只有当你积极付出，做的永远超出老板的期望时，你才有可能步步高升、宏图大展。

在职场上博弈，切记不要与老板算计得太清楚，不要领多少薪水才肯做多少事。如果能放弃“事不关己，高高挂起”的想法，每天主动承担一些不属于你的责任、初衷也不是为了报酬的事情，最终的回报一定会比你想象的要多。而这才是实实在在的高情商与真聪明。

米莉·罗德里格斯是美国爱斯普里特公司的一名员工，她曾主动提出一个想法：从海外货物储备到预付款的运输项目，在所有的服务和市场营销方面，都应该使用后勤学原理。在老板肯定了她的想法之后，她开始主动落实这一想法。虽然这直接增加了她的工作压力，但她还是坚持去做，并且很好地落实了这一想法。结果，她在老板心目中的地位马上提升。不久后，她成了位于旧金山分公司的运输主管。

在职场中，有能力做好工作是远远不够的，除了能做好以外，你还应该有做好的意愿，并积极自动自发地去做。自动自发是一种特别的行动气质，也就是说，你知道做有价值的事，不用别人去催，更不用别人督促，你就能保持主动去做的热情，这种热情会使你的职场之路越走越宽。

正如美国塞文事务机器公司的前董事长保罗·查来普所说："不管那是不是你的责任，只要它关乎公司利益，就应该毫不迟疑地加以维护。若你还想得到提升，那么公司中的任何一件事都应是你的责任。若你要令老板相信你是可堪重用之才，最快速有效的方法，就是寻找并抓牢促进公司利益的机会，即使是那些原本与你无关的责任，你也要这么做。"

1. 大胆谏言，创造影响力

相信每个职场人士都开过"漫无边际""气氛沉闷"的会议，会议上只有上司在发言，其他人都不吭声。即使有些人想发言，也因为这样或那样的顾虑不开口。有些人还会在心里抱怨："这会议与我有什么关系，为什么让我坐在这里，真是浪费时间，还是赶紧散了吧！"大家就像坐在教室里听课的学生，都认为这里不是自己发言的地方。殊不知，这种想法多么荒谬！

彭明十分讨厌参加会议不发言的人，她很想带动大家积极发言。一次开会时，她发现会议主题似曾相识，便说："这个问题我们之前好像讨论过是不是？那么我们现在应该进行表决，然后进入下一项议程。"此话一出口，马上赢得了大家的响应，接着彭明对大家说："希望大家积极发言，发现问题就提出来，这样会议气氛才能热烈起来，才能提高会议效率。"彭明的举动赢得了上司的欣赏，上司当场号召大家向彭明学习。

如果你参加会议，请做一个积极建言者，有什么想法、建议就大胆地说出来，而不要坐在那里等待别人发言，等待别人来了解你的想法。毕竟大家都是企业的一员，应该树立强烈的主人翁意识，自告奋勇地发言，而不是像宾客一样等别人请你发言。

2. 自愿承担难度较高的工作

身为企业员工，应该主动分担摆在自己眼前的工作、项目或额外的任务。当团队出现某些问题时，你应主动伸出手去，尽自己所能寻找解决的办法。

这是你勇敢接受工作挑战的机会，是一个不可多得的增长见识、提升工作能力的机会。

比如，客户经常提出刁钻的要求，这时你大可不必搬出公司的相关规定一口回绝客户，并认为这是自己没有权力决定的事情，而应该积极与客户沟通，真心实意地为客户排忧解难。如果你能仔细聆听客户的要求，了解客户的想法，深入地分析客户的情况，并提出稳妥的解决方案，你就可以帮助公司长久地留住客户。更重要的是，客户也会因为你的热情服务和真心为他着想，而对你产生好印象，从而自发地宣传你们公司。

3. 当老板不在时同样卖力

很多职场人士认为，工作就是替老板干的。老板在的时候，他们装模作样，表现得尚且可以；老板不在时，他们就开始放松自己，开始偷奸耍滑，能少干一点就少干一点。这一点在那些不按业绩计算薪酬的部门和员工身上表现得尤为明显。这种工作态度是极不可取的，聪明的员工绝不会这么做。

莎伦·莱希曾经是美国三联商社的经理助理，她的工作职责是系统地协助经理开展日常工作。在做助理期间，莎伦充满了主动参与的热情，尤其是在经理不在的时候，她会积极地担负起公司日常管理的重任，负责公司全面的运营。按理说，这并非她的本职工作，但是她做得非常认真，就好像在做自己的本职工作一样尽职尽责。

三联商社的老板莫什·梅罗拉十分赏识莎伦·莱希，他说："任何老板都想要找到这样的人，一个能自动承担起责任和自愿去帮助别人的人，即使没有任何人告诉过他要对某件事负责或者一定要去帮助别人。"由于莎伦表现出众，她不断被公司提拔，最后她做到了公司副总裁的位置。

当老板、上司或同事不在时，如果你能更加卖力地工作，而且主动分担额外的、属于他们的那部分工作，以严格的要求来表现自己，而不是等着老板、上司来要求你，那么你肯定会赢得老板、上司的赏识，赢得同事的好感和信赖。这样你不仅可以赢得良好的职场人缘，更重要的是，你可以获得更多被重用和晋升的机会。所以，不要认为多做一些会吃亏，而要记住：你所付出的与收获是成正比的，今天你的额外付出，会在未来加倍回馈你。

职场忠告：

人生是一个永不停息的工厂，那里没有懒人的位置。工作吧！创造吧！

——法国作家罗曼·罗兰

日本大师：传达“空雨伞”的逻辑

空＝环境，就是不会改变的事实状况。

雨＝我们对“空”所做出的观察，也就是环境的状况，或可能面临的变化。

伞＝因“雨”而做出的决策，也就是解决“雨”的方法，事件最后的结果。

——“空雨伞”的逻辑

詹先生的计算机运行得非常慢，每打开一个文件或网页，都需要漫长的等待。重装系统之后，他重新安装了国内另一款知名杀毒软件，结果计算机运行的速度快了很多。但是没过多久，计算机又慢得出奇。他认为是新装的杀毒软件影响了计算机运行速度，因为计算机的右下角经常出现杀毒软件的提示。于是，他将杀毒软件卸载了，又换了一款杀毒软件。这一次计算机运行速度快了很多。

试想一下，如果詹先生不认为自己的计算机运行速度慢，那么他就不会产生解决“计算机运行慢”的行为——不会重装系统，不会更换杀毒软件。那么，他至今可能还在计算机前做漫长的等待，以挑战自己的耐心。

如果詹先生不认为计算机慢是杀毒软件造成的，他就不会在安装了一款新的杀毒软件之后，再次更换杀毒软件。那么，他至今可能还在忍受计算机慢的煎熬，或觉得计算机慢是计算机本身的硬件问题，干脆听之任之。

詹先生的行为在逻辑学上，被称为传达空雨伞的逻辑。什么叫传达空雨伞的逻辑呢？指的是看着天空，估计天气状况，然后决定出门是否带雨伞。虽然这是一件生活小事，却揭示了一个解决问题的规律：

（1）发现问题，确认问题出现的根本原因。

（2）深度挖掘问题，找出解决的策略。

（3）处理问题，落实到行动上。

这是解决问题的常见规律，或者说是解决问题的流程，在我们的生活中、企业经营中，以及文案策划中，经常被人们运用。以文案策划为例，策划者在策划之前，肯定要思考：

（1）发现消费者的“痛点”——需求点，了解消费者对自己的产品有怎样的心理需求。

（2）深度挖掘产品自身的优势，确定文案策划的主题、立意及想要达到的宣传目标。

（3）动手策划宣传文案，制作广告宣传页面或影视动画，宣传自己的产品。

全球最大的家具家居集团——瑞典宜家家居，在发展的过程中，就坚持着传达空雨伞的逻辑。首先，面对如今电商的强大冲击，宜家家居表现得毫不畏惧，因为他们发现了消费者的需求点——消费体验。

其次，宜家的产品是自有品牌，从原材料到销售终端一体把控，大大降低了生产成本，这使得他们的产品在价格优势上不输电商。相比之下，大部分家具零售企业，特别是以代销供应商商品为主的大卖场，由于缺乏自主品牌，他们的经营成本居高不下，这使得他们在面对电商的冲击时毫无抵抗之力。

宜家每年大概会推出3000多款新式产品，消费者每次逛宜家的大卖场时都会有新的发现。在高度体验之下，消费者“冲动性购买”占了宜家营业额相当大的比例。比如，宜家通过调查发现，中国人早晨起床之后比较匆忙，从起床到出门93%的人平均耗时在1个小时之内。针对这一生活习惯，宜家（中国）推出一款新式衣柜：衣柜外侧可以挂衣架的配件新品。消费者可以在前一天晚上，将第二天要穿的衣服挂出来，第二天起床时顺手拿起来就穿，以节省早上的时间。

这款新式衣柜推出之后，很多消费者在宜家家居体验了它的便利性后，纷纷购买回家。尽管其中有不少人是冲动之下购买的，但这也足够说明宜家在营销策划上的成功。这就是充分运用空雨伞的逻辑，深入研究客户的需求，通过发现问题、分析问题、解决问题这样的思考流程，最终达到营销的目的。

对于想细致了解传达空雨伞逻辑的人来说，“高杉法”无疑是最好的注释。高杉法认为，所谓问题，本质上就是一个人所期望的状况与现实之间存在的距离。对于这种距离，高杉法将其分为3种不良状态。如下图所示：

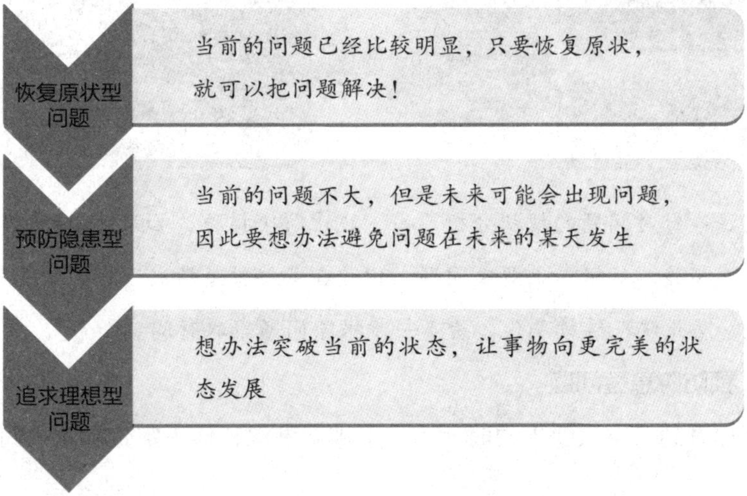

下面以文案策划为例，介绍针对各种不同类型的问题，如何具体分析其解决措施，并通过图表展现出来：

1. 恢复原状型问题

当前的不良状态非常明显，与之对应的解决策略就是恢复原状，把问题还原到原来的状态，以填平鸿沟、解决问题。比如，将损坏的家具修理好、治好感冒等，都属于恢复原状型的问题。

针对恢复原状型问题，解决的关键是掌握状况：弄清楚到底是怎么损坏的。例如，在文案策划中，你要思考为什么自己的产品知名度不高，产品不受欢迎，销量上不去。

应急处理措施是：思考如何防止状况恶化。例如，在文案策划中，你要思考怎样防止销量持续走低。

根本措施是：知道损坏的原因后，思考如何才能复原。例如，在文案策划中，你知道了产品销量上不去的原因之后，要思考用什么办法才能让销量上去。

防止复发的措施是：思考应该怎么做，以后才不会出现损坏。例如，在文案策划中，你要思考怎样做以后产品的销量才不会出现下跌。

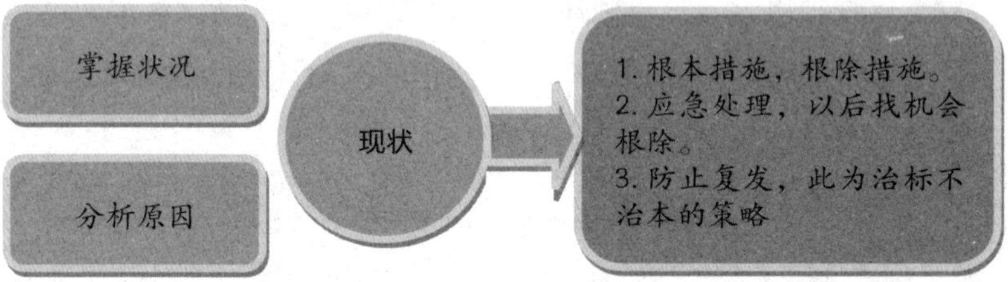

图注：针对问题的现状分析原因、找出解决措施，如果可以的话，应该采取根除措施，从根本上解决问题。但是在某些紧急情况下，应该先采取应急措施，防止状况继续恶化，为下一步根除问题争取时间。

2. 预防隐患型问题

当你看到天空快要下雨时，为了不被雨淋湿，你决定带雨伞出门旅行。

这是预防策略。你怕万一被雨淋湿了没有衣服换，于是，你出门时多带了一套替换衣物，这是发生时的应对措施。由于很难万无一失地预防不良状态发生（下雨不被淋湿），所以出远门时带一套替换衣物是很有必要的。这样可以最大限度地将被雨淋湿的损害降到最低，甚至可以做到万无一失。

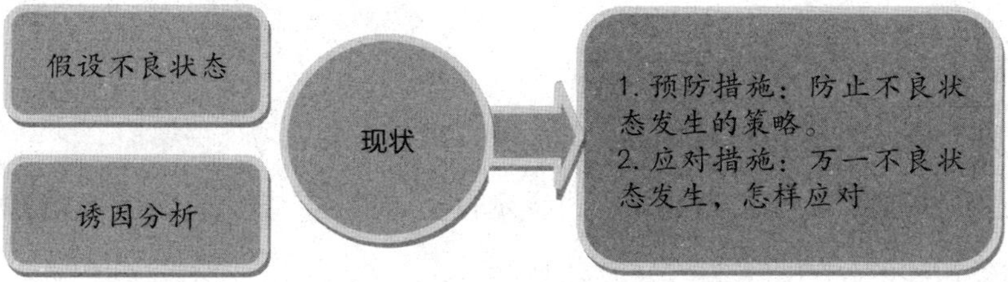

解决预防隐患型问题时，关键就在于分析诱因和找出预防策略。

假设不良状态：不希望事物以什么方式损坏。例如，在文案策划中，你不希望自己的产品知名度、美誉度下降。

诱因分析：哪些原因可能导致事物损坏？例如，在文案策划中，你要分析哪些因素会导致你的产品知名度、美誉度下降。

预防策略：怎样才能防止不良状态发生？例如，在文案策划中，你要思考怎样做才能确保产品的知名度和美誉度。

如果不良状态发生，应对策略是：怎样才能尽量将不良状态导致的损害控制到最低？例如，在文案策划中，你要思考怎样才能让产品知名度不够、美誉度不高的损害降到最低。

值得注意的是，不能把预防策略和发生时的策略混为一谈。

3. 追求理想型问题

所谓追求理想，指的是某事物未来虽不会发展成不良状态，但我们仍然希望改善现状，让它变成我们期望的那种状态。例如，你现在没有生病，但希望自己更健康。现在公司的产品销量挺可观，但你希望销量更上一层楼。

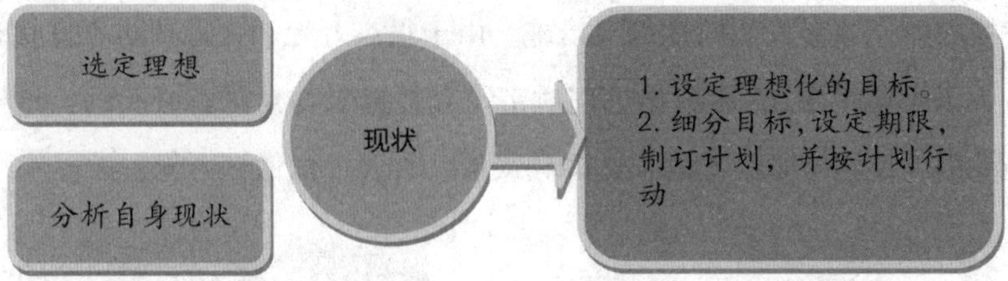

解决追求理想型问题时，关键在于选定理想和思考实施策略。

选定理想：根据自己的实力，设定自己的目标。放在文案策划中，就是根据公司和产品的实力，设定营销目标。

思考实施策略：细分目标，设定期限，分步骤进行。放在文案策划中，就是根据公司和产品所处的不同阶段，设置阶段性的营销目标，并制订计划执行。

07

人际关系：不要忽视任何不起眼的人

职场人际关系是工作顺利进行的基础，会直接影响一个人的事业进步与发展。

职场必备：早晨，精神百倍地问候他人

如果我们想交朋友，就要先为别人做些事——那些需要花时间、体力、体贴、奉献才能做到的事。

——成功学大师卡耐基

问候，即寒暄，就是我们常说的见面打招呼。和别人愉快地打招呼，是提升生活乐趣的一种礼仪形式。“早上好”，这是我们最常听见的问候语。在一天工作开始的早晨，大家从四面八方汇聚到公司，见面时一声热情、礼貌的问候，无疑会给一天的工作增添好心情。

说到见面问候，也许有人会说：“这是小学生都知道的事，也是小学生都会做的事，有必要拿出来讲吗？”话虽如此，但有多少人每天都问候别人呢？即便问候了，又是怎样问候的呢？会不会让人觉得不舒服，或者说不能带给别人正能量和愉快感？

对待早晨问候这件事，最常见的几种不良态度和做法如下：

（1）不把早晨问候当回事，认为公司里的同事每天都见面，大家已经很熟悉了，没必要相互问候。所以，见到同事时会一声不吭地擦肩而过，有时甚至看都不看对方一眼，或虽看一眼，但表情、眼神并未传递一种无声的问候。

（2）虽然会问候，但是问候时声音软绵无力，拖得很长，好像早上没吃饱饭，饿得没力气说出“早上好”这三个字似的。还有就是，打招呼的时候眼睛不看别人，完全把打招呼当成一种毫无感情的程式化事情。这样的问候肯定不会给别人留下好感。

那么，怎样的问候才能给别人留下好感呢？毫无疑问，当然是声音洪亮、精神饱满、语气铿锵有力、底气十足的问候才能给人带去听觉上的激励和精神上的振奋。上司和同事说着“早上好”进入办公室的时候，你也一定要大声地回复“早上好”。

某人寿保险公司有一个年轻的员工，每天早上见到同事和上司时，总是大声、热情地问候他们。被问候的人听到他的声音，第一感觉就是很振奋，接着心情也会变得愉快起来。不知不觉间，他的问候成了公司早晨一道不可或缺的风景线。公司老板甚至在全体员工会议上，把他作为榜样拿出来，号召大家热情礼貌地问候别人。

（3）用“势利眼”对待早晨问候，即见到比自己资历深、年长的人，就很热情地问候。但是，见到与自己没有利害关系的人（地位平等的同事），或见到比自己职位低的人，问候的热情就降低了很多，问候语不温不火，语气要死不活，显得毫无诚意，甚至干脆装作没看见，懒得去问候。

有多少人早上来到公司时，见到负责清扫大厦和办公室卫生的保洁人员时，会热情地问候他们一句“早上好”？虽然他们与你没有什么关系，但是请永远记住：一定要亲切地对待他们，因为一个人如何待人接物，反映的是他的内在修养。对任何人都一视同仁，精神百倍地热情问候，会将你的良好态度传达出去。

反之，如果你见到下级不问候，见到职位低微的人不打招呼，恰好被上司看见，会不会影响你在上司心目中的形象呢？如果这一幕被公司的客户看到，会不会影响他们对你们公司的印象呢？下面，我们就来详细地讲解问候的细节性技巧，让你的问候如春雨般润物细无声，又能像惊雷一样令人精神振奋。

1. 主动

问候必须主动，这是态度问题。当你主动问候时，给人的第一感觉就是你很热情、友好，别人自然会对你有好印象。

2. 简单

问候无需复杂，你完全可以简单地说一声“早上好”。即便对不太熟悉的同事，比如公司很大，有些同事你初次碰面，不知道怎么称呼对方；或是刚进入公司的新人，你不知道对方叫什么；或你是刚进公司的新人，都可以这样问候。

3. 微笑

问候时，切勿板着一张冷酷的脸，如果这样，问候也就变得没有温度了。好像别人逼你问候，而不是你主动、发自内心地问候一样。当然，如果有时候你不想问候，或你本身就是个羞涩、寡言之人，你也可以用微笑代替问候。有时候一个真诚的微笑，甚至会胜过一句响亮的问候。

4. 自然

问候是非常生活化的事情，应该表现出自然的态度。有些人问候别人时神态夸张、矫揉造作，或扭扭捏捏，都不会给别人留下好的印象。

5. 称呼

问候时，尤其是上下级之间的问候，适当的称呼是很有必要的。比如，上司问候下属："小李，早上好！"下属问候上司："张总，早上好！"只要称呼恰当就行，最怕的是称呼不恰当，让别人感到不舒服。比如，见到老总时称呼"老板"，见到年轻女员工称呼"张小姐"，见到同事时，称呼"王大哥"，这样的称呼可能让别人不怎么舒服。因此，切记不要犯称呼上的错误。

6. 新意

有时候，你可以一改往日的问候方式，用一句"今天天气真不错"，或"你的裙子真漂亮""你的西装真有质感"之类的话来问候他人，这样可以拉近大家之间的距离，使双方很容易就聊上几句。如果是与客户见面，这种问候就比那句"早上好"更亲切。

需要注意的是，问候不是问事，切不可见面就问东问西。除非是你的亲朋好友，除非真想了解情况，否则最好不要打听对方的家庭和健康的细节。比如，家有孩子的职场女士，见面三句话不离老公、孩子；孕妇员工总爱谈超声检查等，凡此种种，除非与对方是好友，否则见面时不问为好，以免惹人生厌。

7. 提醒

除了早上见面时热情礼貌地问候一句以外，一天之中第一次在公司碰面，也需要问候一句。比如，有些公司很大，上下楼好几层，一天中的某个时候，同事之间因工作上的问题碰头，也需要问候一下。另外，下班时最好也与同事打个招呼，避免"来无影、去无踪"。如果上司与你同处一个办公室，就更要向上司打声招呼，以显得你有礼貌。

行动方案：

从现在开始，与你遇到的每一个人打招呼。

吉姆·弗雷：努力记住他人的名字

我能叫得出名字的人，少说也有 5 万人。

——吉姆·弗雷

你是否有这样的经历：与某个点头之交在一段时间后相遇，对方叫出你的名字，你感到意外和惊喜，而你却叫不出对方的名字，抓耳挠腮良久，最终在对方的提醒下，才支支吾吾地说出他的名字，没准还说错了。那一刻，想必你会觉得自己很失礼吧？

叫不出或叫错别人的名字是一种失礼，而被别人叫出名字，则会让自己感到兴奋。这是因为名字对每个人都有特定的意义，人们最关心、最感兴趣的人名，不是自己崇拜的某个大明星的名字，而是自己的名字。所以，戴尔·卡耐基在他《人性的弱点》一书中忠告人们：记住别人的名字并准确地叫出来，很容易赢得别人的好感。

爱尔兰人吉姆·弗雷 10 岁时，父亲就在一场意外中丧生，他和母亲以及两个弟弟相依为命。由于家境贫寒，他很小就辍学打工，赚钱贴补家用。虽然他没读什么书，但是凭借自己的热情、礼貌和对人性的把握，他长大后事业稳步提升并步入了政坛。46 岁那年，他已经获得了 4 所大学颁发的荣誉学位，并且高居民主党要职，后来他还成为爱尔兰的邮政首长。

有记者曾问吉姆·弗雷成功的秘诀，他回答说：“辛勤工作，就这么简单。”

记者不相信地质疑道：“你别开玩笑了！”

吉姆·弗雷反问记者：“那你认为我成功的秘诀是什么？”

记者说：“听说你可以一字不差地叫出 1 万个朋友的名字。”

吉姆·弗雷笑着说：“不，你错了！我能叫得出名字的人，少说也有 5 万人。”

吉姆·弗雷虽然没有直接回答记者什么是他的成功秘诀，但在他与记者的对话中，已经间接地告诉人们：他的成功秘诀是记住别人的名字并叫出来。这是一个出乎人们意料的成功秘诀。那么，吉姆·弗雷到底是怎么记住那么多人名的呢？

吉姆·弗雷说他每次认识一个人，就会先弄清他的全名、家庭状况、政治立场，以及他所从事的工作，然后根据这些情况对他留下印象。下一次见到这个人时，不管隔多少年，他都能迎上去，叫出他的名字，嘘寒问暖一番，或问问他的工作情况，或问问他的家庭情况，就像相隔多年之后谋面的老朋友间的问候那样，让人特别惊讶、特别温暖、特别感动。因此，与他打过交道的人都很喜欢他。

吉姆·弗雷之所以爱记人名，是因为他很早就发现了人名对一个人的重要性。他表示，不管对哪一个人来说，你喊出他的名字都是一种友善和尊重的表现；反之，如果你不慎忘了别人的名字，或者叫错了别人的名字，即便对方嘴上不说什么，心里肯定也是不高兴的，甚至可能因此招来一些不愉快的事情。所以，吉姆·弗雷十分重视记住别人的名字，这对他的成功起到了很大的作用。

戴尔·卡耐基曾说："一个人的姓名是他自己最熟悉、最甜美、最妙不可言的称呼，在交往中最明显、最简单、最重要、最能得到好感的方法，就是记住别人的名字。"每一个人听到别人喊自己的名字时,精神都会为之一振。尤其是一个和自己第二次见面，甚至和自己初次谋面的人，居然能叫出自己的名字，那所表达出来的是一种珍贵的在乎和尊重，瞬间就会赢得人心。

有一家餐厅，每天都顾客盈门，座无虚席。有人就问老板："你们的生意如此兴隆，是怎么做到的呢？"老板说："记住客人的名字，并在客人进门时马上叫出来。"

有一次，一位曾在该餐厅用餐的赵先生又来到这家餐厅，进门时服务员走过来，微笑着打招呼："赵 ×× 先生，您好！好久不见哦，如果我没记错的话，您大概有两个月没来我们餐厅了，是不是最近太忙了呢？"

听到这样的话，赵先生首先是精神一振，瞬间内心洋溢起一阵无法形容的愉悦，接着他赶紧回答服务员："是啊，前段时间我出差了一个月，工作又比较忙。所以，有两个月没来了！"从那以后，赵先生经常来该餐厅，而且经常在朋友、同事面前说这家餐厅有多好，介绍了很多人来这家餐厅用餐。

这家餐厅的老板是聪明的，他知道名字对任何人来说都是悦耳动听的声音，只要有顾客来餐厅，他就会想方设法记住他们的名字。靠着用心记忆、日积月累，他的餐厅很好地俘获了顾客的心。很多顾客来了两次之后，还很愿意再来，因为在这里不但享受到了美味菜肴，还享受到了至高无上的尊重。

因为名字对一个人很重要，所以如果你在交际中能够记住别人的名字，并准确、热情、礼貌地喊出来，就意味着你在交际中多了一种优势。这种优势往往能帮你更顺利地办事。事实上，能否记住别人的名字，关键不在于你的记忆力好不好，而在于你用不用心，想不想记住别人的名字。只要你重视这项工作，并用点心去记忆，就没什么难的。

1. 请他人重复名字

在人际交往中，不知你是否经历过这种情况：当别人介绍自己的名字时，你没怎么听清楚，或听清楚了，但是不知道对方的名字怎么写。这个时候你是怎样应对的呢？很多人会假装听清楚了，“嗯嗯啊啊”地附和。这样肯定不容易记住别人的名字，因为一开始你就没听清对方叫什么，又怎么去记忆呢？

正确的做法是，如果对方介绍自己的名字时，你没有听清楚，或你听清楚了，但是不知道对方的名字怎么拼写（或有生僻字、谐音字等），你可以请他重复一遍：“对不起，我刚才没听清，你能重复一下吗？”如果他的名字中有生僻字，比较特别，你可以问：“你的名字怎么写？是 ×× 字吗？”然后，在你们接下去的交谈中，一再地重复对方的名字，以加深记忆。

2. 结合长相记名字

记忆一个人的姓名，并不需要死记硬背，你可以结合对方的长相、身材、身高等具体的特征来记忆。心理学研究发现，一个具体的东西比较容易在脑海中留下印象。而名字本身是抽象文字的组合，不容易留下深刻的印象。因此，你在记忆的时候最好将对方的姓名与其外形特征结合起来。当然，也可以像吉姆·弗雷那样，结合对方的家庭情况、工作情况等因素记忆，这样便于记牢。

3. 回去花点时间记忆

身在职场，你每天都可能与客户打交道，认识一些陌生人，他们可能会递给你名片。这个时候，你最好当着对方的面认真地看一眼名片，并读出声来：一方面是表达对对方的重视，另一方面是进行记忆，留下一点印象。而且，回去之后有必要拿出名片，回忆一下这个人的外貌特点，并与他的名字结合起来记忆。这样当你们第二次谋面时，你就不容易出现“记错人家名字”“叫不出人家名字”的尴尬了。

经验分享：记住他人名字的技巧

1. 不断重复别人的名字——你可以重复对方名字的发音，可以在谈话中不断提到对方的名字。

2. 将对方的名字和其本人对应好——将你记忆的名字与对方的相貌相互对应，心里重复这个联系并且记忆多次。

3. 使用相联系的词语——把对方的名字与你所熟悉的某些词语联系起来记忆。

4. 写下来——把对方的名字写下来，甚至可以当着对方的面写下来。事后翻看笔记本，强化记忆。

戴尔·卡耐基：真心表现出对他人的兴趣

一个人只要对别人真心感兴趣，在两个月之内，他所得到的朋友，就比一个要别人对自己感兴趣的人在两年之内所交的朋友还要多。

——成功学大师戴尔·卡耐基

当你跟别人谈论他最珍贵的事物时，将会非常受他的欢迎。

之所以会有如此效果，是因为在人的天性中，有一种强烈渴望被别人喜欢的心理。如果我们发现别人对自己感兴趣，就意味着对方喜欢自己。因此，这会激起我们对别人的好感，使我们愿意与别人交往下去。所以，聪明的职场人士应该真心表现出对他人的兴趣，这样可以轻松地为自己赢得良好的人际关系。

著名的魔术师哲斯顿，在长达40年的魔术演艺生涯中，走遍了世界各地，不断创造幻象来迷惑观众，不知使大家吃惊地瞪大眼睛多少次。有人统计过，购买哲斯顿魔术表演门票的人数超过6000万，这使他赚了近200万美元的钞票。这个数字，在当时绝对是天文数字。

很多人以为哲斯顿的成功靠的是渊博的知识和高超的魔术技巧，但哲斯顿表示，拥有高超魔术技巧的人不止他一个，同时期的魔术师有十几位，但他之所以能取得更好的成就，得益于他懂得真心实意地对观众表现出兴趣。

很多魔术师会一边表演，一边看现场的观众，心里却对自己说："瞧瞧场下那些傻瓜、那些笨蛋，我把他们骗得团团转，他们还在为我付钱、为我鼓掌。"但哲斯顿完全不同，他每一次上台都会对自己说："我很感激，因为这些人来看我的表演，使我能够过着一种很舒适的生活。我要把我最高明的手法，表演给他们看。"

哲斯顿宣称，每当走上舞台时，他都会不断地告诉自己："我爱我的观众，我爱我的观众。"并在表演中时不时地问现场观众："大家希望看我表演什么魔术呢？只要你们说，我就表演给你们看。"虽然他这么问了，但是对魔术表演知之甚少的观众往往会让哲斯顿随意发挥。正是凭借这一点，哲斯顿成了魔术师中的魔术师。

一位著名的作家曾经说："如果你不喜欢别人，别人就不会喜欢你的作品。请记住一句话：你必须对别人感兴趣。对别人感兴趣，你才会去思考别人喜欢什么，我应该给别人什么。有了这些，你才可能成为一名优秀的作家。"在职场中，如果你想拥有良好的人际关系，想成为一个人缘很好的人，那么你务必记住这位作家的话。

现在，让我们来想象一个交谈的画面：同事在滔滔不绝地跟你讲述某件事情，而你在那里心不在焉地抠手指，或在上网聊QQ。试问，同事会保持讲述的热情吗？他会不会觉得自己没有受到重视呢？他会不会觉得热脸贴到冷屁股上了，受到了无情的冷遇？答案是肯定的。他之所以有这种感受，是因为他知道你对他的讲述不感兴趣，更确切地说，是你对他不感兴趣。关于这种心理感受，你换位思考一下，便会获得相同的感受。

那么，怎样才能表现出对别人感兴趣呢？

1. 适当重复关键词

在与人交谈的时候，是表现出对他人感兴趣的最好时候，因为你可以对对方的话题表现出兴趣。比如，时不时地重复一下对方话中的关键词或感情用语，让对方知道你在认真听他的话，并且对他的话感兴趣了。在心理学上，这种重复关键词的技巧被称为“反射”。关于“反射”，宾夕法尼亚州立大学的心理学家罗帕多埃里克做过一个实验：

找来 90 名女大学生，让工作人员分别与她们对话。其中 45 名女大学生在发言时，工作人员会适当地重复她们话中的关键词；另外 45 名女大学生在说话时，工作人员不重复她们话中的关键词，只是一声不响地听着。

结果显示，与后一半大学生相比，前一半大学生的谈话时间要更长，谈话的次数也更多，她们交谈时的热情也高涨得多。她们对工作人员的好感度要比后一半大学生对工作人员的好感度高出 11%，而且非常乐意与工作人员谈话。

这个实验说明：在与人交谈时，重复对方的关键词或感情用语，可以表达出对对方的兴趣，引发对方对你的好感，继而使得对方更愿意与你交谈、交往。当然，在重复对方话中的关键词或感情用语时，要用心找出关键词，千万别找错了关键词。

举个简单的例子，同事告诉你：“我这个月的业绩超额完成了 50%！”你需要重复的是“50%”，而且最好带着点疑问的语气，表达的是不可思议的神情，这样更能凸显你对同事的兴趣。如果你找错了关键词，重复的是“你”，那么表达出来的就完全是一种质疑、不相信、看不起的态度，气氛一下就会变得尴尬起来，对方肯定会认为你在故意讽刺他。

2. 正确使用提问

在与同事相处的过程中，要想表达出对同事的兴趣，你可以运用提问的技巧。比如，你对同事说："周末过得怎么样？上次听说你想去爬 ×× 山，去了吗？"如果同事说："去了！"你可以说："真的啊？那里好玩吗？好玩的话我也想去。"这样一个问题就能燃起同事讲述的欲望，还能表达你对同事的关心和兴趣，赢得同事的好感。

在交谈中，运用提问技巧也很重要。比如，同事讲了一件事，你可以用质疑的口吻说："不会吧？怎么会这样？"同事讲了一件你不明白的事情，你可以问："为什么呢？"同事讲了一件有悬念的事情，你可以问："后来呢？"这样可以很好地建立起同事与你的互信关系，使交谈变得更顺利。

3. 配合肢体语言

人是有表情、有神态、有肢体动作的，有了这些才构成了丰富多彩的肢体语言，才能更好地配合言语，让交流和交往充满生动感。因此，在与同事相处时，恰当地配合你的肢体语言很有必要。

比如，在听你的同事讲话时，你注视着他，面带微笑，眼神充满期待。同事看到你的肢体语言，会更加积极地说下去，以满足你的好奇心；反之，如果你眼睛都不看他，手里忙自己的事情，那么同事对你的感觉就差远了。对方嘴里不说，心里也会对你感到不满。

经验分享：

1. 两个眼角上扬，睁大眼睛，表达的是吃惊、意外、惊喜等感受，这些都是你的一种情感流露。

2. 嘴角上扬，嘴巴时不时半开半闭。这表示你的兴趣被调动起来了，很想发言参与进去。

3. 眨眼睛的次数减少了，眼睛睁大了。如果你的眼睛里没有进灰，却频繁地眨眼睛，表明你不耐烦；而当你眨眼睛的次数减少，表明你已经被别人的话题吸引住了；如果你突然睁大眼睛，表明你已经很感兴趣了。

4. 上身前倾,或直接走近对方。身体前倾是很典型的感兴趣的肢体语言，其言外之意是我想听得更清楚一些。

牢记以上几个典型的表达你对别人感兴趣的肢体语言后，还需注意一些不利于表达你对别人感兴趣的消极的身体语言。比如，跷二郎腿、抖腿、打哈欠、伸懒腰、挖耳朵、抠鼻子、看表、双臂交叉抱于胸前、揉眼睛、挠头发等。

刘墉：不要打听他人的隐私

帮助人，但给予对方最高的尊重。这是助人的艺术，也是仁爱的情操。

——中国作家刘墉

在职场里，有些人对别人的隐私具有强烈的探求欲，乐此不疲地打听，好像这是他们生命中最值得关注的事情。心理学家研究发现，爱打听别人隐私的人，往往有强烈的控制欲，总想通过获得他人隐私的方式来控制对方。

然而，没有人愿意轻易被别人控制。当发现别人打听自己的隐私时，他们往往不会甘愿“缴械投降”，成为被控制的俘虏。因此，如果你动不动就打听别人的隐私，往往会令人生厌。不仅隐私的当事者会讨厌你，旁人也会讨厌你。因为打听他人的隐私，是对他人的极不尊重，是没有修养的表现。

李佳是某服装公司的业务员，平时除了向分销商推销服装之外，她最喜欢做的事情就是打听别人的隐私。有一次，她无意间得知公司的王慧是个未婚妈妈，而且不知道孩子的爸爸去哪里了，顿时好奇的欲望如同热锅上的蚂蚁，不停地搅动着她，让她心里痒痒的。之后，李佳有事没事就与王慧套近乎，聊天的时候有意无意地往王慧的婚姻和孩子的话题上扯，表现得很关心王慧的孩子。

刚开始，王慧对李佳的关心还挺感激，毕竟关心她的人不多。渐渐地，王慧发现李佳越问越多，不仅问她是怎么跟孩子的爸爸认识的，还问她孩子的爸爸是做什么工作的。王慧见隐瞒不下去，只好老实交代："孩子的爸爸不知去向了。"

这时李佳又问王慧："为什么不知去向了呢？怎么好好的就不见了？"一连串的敏感问题，如同一根根针扎入王慧的心窝，让她的脑海浮现出一幕幕不堪回首的往事。王慧终于忍不住了，气愤地说："好了，你有完没完，怎么总是问这些乱七八糟的？"

没想到，李佳不反思自己的不良行为，反而以宣扬王慧的隐私为报复手段，给王慧造成了极大的伤害。与此同时，李佳的不道德行为也引起了同事们的强烈不满，大家看清了这个人的内心，逐渐疏远了她。

每个人的心底都有一个不为人知的角落，那里藏着不便公开的秘密、私事。对于这些私人的事情，每个人都应该尊重和保护，而不是窥探和打听。刻意地窥探和宣扬别人的隐私是素质低下、没有修养的表现，是令人厌恶的行为。

在一次涉及3000人的职场调查中，44.6%的白领表示：如果有人故意冒犯自己的隐私，那么以后一定会对他敬而远之。33.7%的白领表示：不管对方是不是故意的，只要对方碰触了自己的隐私，自己就会生气。由此可见，如果无法很好地处理隐私问题，就很容易影响到办公室的人际关系，并间接地影响个人的职业发展。

在职场的人际交往中，有些时候你可能在无意间得知了别人的隐私，或不小心宣扬了别人的隐私。如果只是偶尔发生，而且确属无意，尚且可以通过解释来弥补，以求得原谅。但若经常这样窥探别人的隐私，并以宣扬他人的隐私为乐，那么你是不可能交到朋友的。即使交到了朋友，朋友也会远离你。所以，如果不想成为他人唾弃的对象，就要做文明人，不随便打听别人的隐私，即使知道别人的隐私，也要守口如瓶。

隐私除了指一些不为人知的经历、伤痛、伤疤之外，通常来说，还包括女士的年龄、夫妻感情、经济状况、家庭生活及各方面。在西方国家，有“女士不问年龄，男士不问收入”之说。还有个人的私生活、个人不愿意公开的工作计划、个人的信件等。总的来说，只要是别人不愿意告知的个人事情，都可以算得上是隐私。对此，我们应该尊重。

1. 不主动打听别人的隐私

对待他人的隐私，我们应本着不主动打听的原则，即如果对方主动告诉我们他的隐私，我们不妨听听；但如果对方没有告知的意思，就绝不多问一句。这一点在与同事的相处中极为重要。在职场中，同事之间熟悉了之后，就会闲聊一些话题，一般的琐事或开开玩笑，大家都不会介意，但如果打听别人的隐私，往往很容易引起对方的反感。

比如，有位女士买了一款名牌包包，公司里一个女同事一眼就看出了这包的档次，她惊讶地尖叫道：“哎哟，名牌包啊，多少钱啊？很贵吧？”她这一叫又引来了其他同事的围观，大家你一句我一句地问，让这位女士感到很反感。于是，她只好强颜欢笑地敷衍，其实她真的很想吼：“我买一个包关你们什么事！”从那以后，她对那位尖叫的女同事特别反感。

2. 替别人保守秘密

虽然我们推崇不打听别人隐私的原则，但有时候也会无意间获知别人的隐私。比如，有位同事在你面前说了另外一位同事的隐私。再比如，在一次交谈中，同事不小心说漏了嘴，说出了自己的隐私。在这种情况下，你被动地获知了别人的隐私，那么你该怎样对待他人的隐私呢？

如果你充当传播者，把得来的隐私转告给别人，同样是不道德的行为。虽然你不是始作俑者，但你已经不知不觉扮演了帮凶的角色，同样会遭人厌烦。正确的处理方式是，对别人的隐私三缄其口，绝不透露出去。即使在当事者面前，也不妨装作不知情，就当自己从来没听说过。这样一旦当事者知晓你在为他保密，瞬间就会对你产生强烈的信任感，并会对你产生好感。

小测试：你是职场中的八卦婆吗？

上班时，一位同事给你发了封邮件，告诉你：邻座同事离职了。看到这个消息，你感到很意外。当你把头转向邻座时，发现他已经关掉计算机，正在悄悄地收拾东西，你会做何反应？

A. 立刻大声问邻座同事："你怎么辞职了？"

B. 准备下班后，找个单独机会问邻座同事辞职的原因。

C. 发邮件问对方辞职的原因，虽然你知道当时他没法回你的邮件。

D. 虽然你很惊讶，但你很平静，觉得这件事已经发生，自己左右不了，不问为妙。

测试结果：

A. 你的八卦指数高达 4 颗星。

你对一些鸡毛蒜皮的事情很好奇，就像对陨石撞地球一般好奇。你时刻是办公室最新新闻的传播者，不管是好事坏事，还是别人的私事。建议：说话前先思考该不该说。

B. 你的八卦指数为 3 颗星。

你是个懂得把握说话时机的人，但有时候欠缺一些考虑问题的意识，因为有些话即使换个场合和时间，也不适合立刻提出来。建议：进一步思考什么话该什么时候说，能不说的坚决不说。

C. 你的八卦指数为 2 颗星。

你处理事情非常沉稳，你不会给别人过多的压力，但容易给人冷淡的印象。建议：适时增加自己的“醒目度”，提升自己的办公室人气。

D. 你的八卦指数为 1 颗星。

你对别人的事情不关心，给人的印象是比较冷漠，不好接触。建议：不是所有的事情都应该避而不谈，适当地与同事聊天，发表自己的意见，可以让你变得更有亲和力、更真实。

张德芬：别把负面情绪带给他人

痛苦是你创造出来的，因为那是你对事情的解释。

——中国作家张德芬

在办公室里，很多人动不动就爱抱怨几句，或在同事面前埋怨第三者。抱怨的事情可能是工作上的事情，也可能是家庭生活里或自己朋友圈里的事情；埋怨的对象可能是公司里的同事、上司，也可能是自己的家人、朋友、邻居，以及一些陌生人。类似下面的抱怨想必你也非常熟悉：

老板真是小气鬼，过年过节的，一个红包都不发，太没人情味了。

客户真难应付，总是有各种各样的退货理由，我真的烦透了。

今天真倒霉，被路过的汽车溅了一身水，那司机真可恶。

物价这么高，工资这么少，真的叫人没法活了。

孩子真淘气，而且屡教不改，气死我了。

……

如果是在生活中，抱怨几句也没什么，但是在职场中，如果口无遮拦，遇到不快就抱怨，逢人就诉苦，那么久而久之，你就可能成为被大家讨厌的人了。理由很简单，旁人见你经常抱怨、诉苦，自然会把你当成“怨妇”，谁愿意跟怨妇打交道呢？再者，上司见你总是抱怨，会认为你是个消极的员工，特别是当你抱怨公司这不好、那不好，抱怨工作这不是、那不是时，你就更容易引起上司不满。

罗女士是一家酒店的服务员，从进酒店的第一天开始，她就抱怨不断，逢人就诉说工作的苦累。不是抱怨工作太脏太累，工作时间太长，就是抱怨顾客各个像大爷，难伺候，再不然就是抱怨工资太低。一开始，同事们听到她抱怨，还会附和几句，或安慰几句，但是到了后来，大家听见她抱怨时都刻意躲开，因为他们怕受到抱怨的影响，也怕一不小心也跟着抱怨起来，引起上司的不满。

在日复一日的抱怨声中，罗女士工作时总是无精打采，如果有机会偷懒，她绝不会错过，对待工作是能敷衍就敷衍，熬一天算一天，没有一点上进心。在服务顾客时，也没有表现出应有的良好态度，经常招致经理和顾客的不满。终于有一天，公司忍无可忍了，将她辞退。

在公司里发牢骚，最大的危害就是破坏工作气氛，破坏团队的氛围。如今的职场，都注重互帮互助，团队成员的凝聚力、沟通力决定了团队的战斗力。如果团队里有几位爱抱怨的员工，那么这个团队的凝聚力会大打折扣。

事实上，职场中的抱怨危害性并不在于抱怨的事实本身，而在于抱怨传达出来的是一种负面情绪，而人的情绪是容易受影响的，尤其容易受与自己朝夕相处同事的影响。对团队来说，抱怨就像一种会传染的毒药，是任何企业都很难接受的。

李闯原本是一家事业单位的员工，拿着稳定的收入，每天过着单调的上班生活。他本人似乎对这种现状不满，经常向朋友王虎抱怨，抱怨单位种种的不如意。王虎是一位广告公司的老板，事业做得顺风顺水，他见李闯整天抱怨单位的不好，就对他说："要不来我公司吧，给我当个副总，和我一起管理公司。"由于王虎给李闯开出的薪水相当诱人，加之他们又是知根知底的朋友，于是李闯放弃了稳定的工作，进了王虎的公司。

李闯是个有才华的人，进入广告公司后屡次提出很有创意的广告设计方案，深受王虎的欣赏。但是渐渐地，王虎发现李闯爱抱怨、爱诉苦的毛病实在太严重了，好好的团队工作氛围被他的抱怨声搅得乌烟瘴气。最初，王虎见李闯抱怨就好心地问他："你对工作不满意吗？还是对工资待遇不满意？如果你有不满意就告诉我，咱们是哥们儿，私底下好商量，但你别总在员工面前抱怨。"

其实李闯也没什么不满意，就是日常工作中的一些琐事引起了他的抱怨，让他说出具体的不满，他也说不上来。因此，他总是对王虎说："没有不满，我只是随便唠叨几句，感觉说出来舒服一些，你别往心里去。"可没过多久，李闯的抱怨毛病又犯了，有时候还会在下属面前抱怨王虎的广告创意："王总的想法太常规了，如果按他的想法设计广告，效果肯定不好。""王总这样的创意有什么意思？太差了！"

王虎脾气再好，心胸再宽，也容不得李闯这般抱怨。终于有一天，他们闹掰了，李闯离开了公司。后来，李闯进入另一家大型的广告传媒公司，薪水也上涨了一大块，可他爱抱怨、爱诉苦的毛病始终改不了。说老板任人唯亲，说老板的几个亲戚"吃闲饭"，说多了自然引起那些人的不满，最后李闯没待多久又走人了……

工作中遇到不快，稍微抱怨几句也没什么，这是一种正常的情绪宣泄。可是如果成天抱怨不停，则会陷入抱怨的旋涡中出不来，就像戴着有色眼镜，总是对身边的人和事进行批判，而对身边人的优点视而不见，变得非常爱挑毛病、爱数落人。这样肯定不受人欢迎。抱怨一旦成了习惯，影响的不仅是自己的人际关系，更会影响自己的职业前途，真的得不偿失。

当然，如果真的忍不住要抱怨，也要注意抱怨的技巧，控制抱怨的尺度和频率，让抱怨不至于产生恶劣的影响。

1. 抱怨也要三思而行

抱怨最忌讳的是不加思考，脱口而出，想抱怨什么就抱怨什么，难免会说出带有强烈的个人情绪的话，这样口无遮拦往往言多必失，很容易引起别人的不快。因此，抱怨时应注意用词，思考一下怎样抱怨更合适。

2. 尽量不要在办公室抱怨

办公室是工作的地方，不是抱怨的地方，不适合发泄个人情绪。而且带有主观情绪的发泄，很容易被同事和上司误读，引起不必要的误会，影响自己的人际关系和公司氛围。你可以回到家里向家人抱怨，偶尔向家人抱怨，这样抱怨的危害就可以忽略不计了。

3. 不要事事都抱怨

在职场中，一味地忍气吞声也不是好事，难免会让人觉得你老实、好欺负，什么事都往你头上推。因此，当你心有不满时，偶尔爆发、抱怨一下也未尝不可。但需要注意的是，只是偶尔抱怨即可，切不可事事抱怨。

4. 如果一次抱怨无效，就别再继续抱怨

抱怨都是有目的的，表达的是一种不满。当你发现自己的抱怨没有达到想要的效果时，你就该停止抱怨了。切不可隔三岔五地老话重提，总是纠结一件事，这样会让人觉得你很斤斤计较。

5. 用商议的口气代替抱怨

身在职场，要想解决工作中的问题，仅靠抱怨是没用的，而应该积极面对问题，拿出积极的态度，用商议的口气与当事者把问题摆到台面上谈，这样更容易促使大家开诚布公地解决问题。

职场忠告：

有位心理医生做过这样一个实验：

在一个盛满水的杯子上贴上写有祝福或感谢语言的纸条，在显微镜下，看到水的结晶十分光洁和美丽；当在这个水杯上贴上写有抱怨或诅咒语言的纸条时，在显微镜下看到水的结晶非常丑陋。

这个实验是真实存在的，它说明：人的主观意志会影响自己看待客观事物的态度和结果。一个懂得感激、祝福他人的人，眼中看到的是美好；一个只会抱怨的人，眼中看到的只是丑陋。所以，千万别抱怨。

哈佛宴会术：永远都不要独自用餐

关系是有限的，就像一个馅饼，只能被分成几块，拿走一块少一块。然而，我知道关系更像肌肉，你越使用，它越强壮。

——美国专栏作家基思 · 法拉奇

吃饭的时候，是人最放松的时候，这就是为什么很多人喜欢请客吃饭，在饭桌上谈笑风生，谈着谈着就成了朋友，谈着谈着生意就成了。难怪有人把吃饭当成一种高效交际的手段，有事没事就爱请别人吃饭，好像永远害怕独自用餐。

事实上，和别人一起吃饭，吃什么不是重点，在哪里吃也不是重点，重点是吃饭本身这件事，重点是抓住吃饭这个时机，努力与别人建立起良好的人际关系。当你和别人坐在一起吃饭时，传达出的意思很明显：我喜欢你，我想和你交朋友！试问，天下有几个人不愿意和一个喜欢自己、愿意与自己交朋友的人打交道呢？如果对方不是十恶不赦的人，没有做过伤害我们的事情，想必没有人会拒绝这样的朋友。

基思·法拉奇出生于美国宾夕法尼亚州的农村，父亲是钢铁工人，母亲是清洁工。上学期间，他靠自己的聪明才智和个人努力，获得奖学金进入耶鲁大学，并获得哈佛大学工商管理硕士学位。毕业之后，基思·法拉奇成为著名的底特律咨询公司的一名员工，并很快就坐到了合伙人的位置。之后，他成立了自己的咨询公司，成为业界白手起家的典范。

在不到40岁时，基思·法拉奇就建立了一张庞大的人脉关系网。在他的这张关系网中，既有华盛顿的权力核心，也有好莱坞的大牌明星，他自己则成为"美国40岁以下名人"和"达沃斯全球明日之星"。那么，他究竟是怎样与那些名人成为朋友的呢？

基思·法拉奇说："刚进哈佛商学院时，我诚惶诚恐，我真的不敢相信一个穷小子能跻身全美最高商业学府。一年之后，一个念头浮上心头：我身边这些家伙都是凭什么本事进来的？"有了这个念头之后，他开始思考这个问题。他渐渐发现：他们都善于同陌生人打交道，而且是主动与别人接触，这样很容易建立起有效的关系网。然后，利用关系网去拓展自己的事业，最终促进各方共赢。

后来，基思·法拉奇慢慢找到了自己的交际方式——请客吃饭。基思·法拉奇表示，不管你是在公司工作，还是参与社区活动，不管在哪里，你都必须马上融入这个圈子，快速成为其中的一部分。如果你总是单独用餐，不搭理别人，那只能说明你与他人格格不入，这种孤立会给你带来可怕的后果。为此，基思·法拉奇特意写了一本书，名叫《决不单独用餐》，告诫大家要善于同别人一起用餐，并通过用餐与人拉近关系。

基思·法拉奇还说，在与人一起用餐时，虽然抱着与人交往的目的，但不要总想着怎么达到自己的目的，因为交朋友的关键在于真诚和慷慨。如果为了拉关系而与人交往，表面上热情握手，内心却冷漠，这样的人是交不到朋友的。

在职场中，与同事、上司一起用餐的机会很多。很多大型公司有自己的员工餐厅，到了午餐时间，大家放下手头的工作，来到餐厅里吃饭。如果你也有这样的机会，你就可以和你想结交的同事坐在一起，大家一人一份工作餐，边吃边聊，无形之中就拉近了大家的关系，慢慢地就成了朋友。

有些公司没有员工餐厅，大家吃午餐要去公司附近的餐馆、饭店，这也是与同事一起用餐的好机会。你可以和同事们一起去吃饭，偶尔请大家吃一顿，尤其是当你业绩突出，拿到绩效奖金时；当你工作出色，职位得到晋升时。抓住这些机会，请大家吃饭，既能和同事们一起分享快乐，又能表现你的慷慨大方、热情友好，是非常好的交际时机。

中午去外面吃饭时，如果你能主动叫几个同事一起，而不是一个人匆匆跑掉，就很容易为你赢得与大家一起用餐的机会。有时候，某个同事中午加班，或身体不舒服，不想去外面，这时如果你能主动给他带饭，一定能赢得他的好感。

当然，在职场不独自用餐，还有另外一层含义，就是工作餐之余，适当地请人吃饭。比如，下班后请几个玩得不错的同事吃饭，与客户谈生意期间，恰逢饭点请客户吃饭，某个周末几个同事聚一聚，等等。

关于请客吃饭，新东方元老徐小平曾经表示自己很欣赏这样一句话："天天请客不穷，夜夜做贼不富！"徐小平表示，天天请客花的不过是饭钱，但交到的却是朋友。朋友多了路好走，朋友多了信息交流就多，发财的机会也更多，一旦和朋友合作起来赚到大钱了，所有请客吃饭的钱可能都赚回来了。

身在职场，请客吃饭往往被视为一种"商务餐"，是经常性、被广泛接受的商务行为。许多成功的职场人士往往把这种吃饭当成达成业务，建立人脉的一种有效方式。一次小小的午餐约会，不仅能开启新的关系，还能成为职场友谊的坚固基石。

也许很多人不知道，职场请客吃饭是一门大学问，里面有一些很重要的细节。接下来介绍一下职场请客吃饭时的注意事项。

1. 地点问题：宜近宜熟

在职场工作期间，不管是请同事、上司吃饭，还是请客户共进商务餐，都有一个地点选择的问题，即选择合适的饭店。在这一点上，要把握一个原则——商务餐的主要目的是沟通业务事宜，所以尽量选择离公司较近的餐厅，最好步行不要超过 10 分钟，这样可以让你与客户有更多的沟通时间。

当然，如果你私下请同事、上司吃饭，就要另当别论了，特别是当你不想让其他同事知道时，就有必要选择距公司较远的餐厅用餐。当然，为保险起见，你也可以下班后请同事、上司吃饭。

如果情况允许，你最好提前预订餐厅座位，免得当你与客户走进餐厅时，却发现里面人满为患，这样不仅浪费时间，还会影响客户的心情。因此，提前一两个小时打电话预订座位很有必要。当然，你也没有必要提前一天预订，毕竟商务餐不是正式的宴请，宴请一两位客户，也不同于宴请一大桌子的客户。

关于餐厅的选择问题，还有一个原则是“熟”，即不要选择你从未去过的餐厅。原因是你不知道那家餐厅的环境、饭菜味道怎么样，贸然进入可能会让自己和客户失望。虽然商务餐的饭菜不要求多么高档，但至少在味道上要让客户满意；环境方面，尽量别选择嘈杂的餐厅，以免影响你与客户交流。

2. 点餐问题：尊重对方

在点餐时，必须牢记一个原则，就是客户（同事、上司）优先，这样可以显得对对方重视。如果对方说“我对这里的菜不熟悉，还是你来点吧”，那么你最好再推让一下，坚持让对方先点，这不仅是出于礼貌，更重要的是避免你点了对方忌口的菜。

如果对方点了一两道菜，轮到你时，这里面也很有学问。假如对方点的菜比较油腻，你可以点一些相对清淡的菜来搭配。但是你要注意：最好在点每道菜时，询问一下对方的意见，同时也可以询问服务员，或让服务员推荐几道菜。这样有利于了解菜的口味和特点，便于点到符合口味的菜。对于菜的数量，遵循不浪费的原则即可。

3. 结账问题：干净利落

谈到请客吃饭，就不能少掉结账的问题。在商务餐中，结账并不像人们想的那么简单，把钱给服务员，然后找回零钱就走人，这里面也要注意一些问题。

（1）尽量提前付账。在商务餐快结束时，你可以找个借口先离开一下。比如，对客户说："我去一趟洗手间，你慢用。"然后去前台结账。当你和客户起身离开时，你对客户说："已经结账了，我们走吧。"客户一定会感到诧异，会觉得你这个人办事靠谱，做事考虑周全，心里的天平就会倾向你。

（2）如果可以用卡结账，最好用卡。为什么呢？有一位西方的客户管理专家表示，当着客户的面数钞票，会让对方产生一种"让我们一起出钱"的气氛，对方可能因此感到不自在，而会抢着付钱。如果用卡，就会干净利落。当然，如果你提前付账，就不存在这个问题。

友情提醒：

请不要独自用餐，并不是说一定要请别人吃饭，而是因为借助吃饭可以与别人互动、交往，拉近人际关系。你完全可以和同事一起吃饭，并且AA 制，大家各吃各的、各付各的账。这丝毫不影响人际交往。

马丁·布贝尔：击中他人情感最薄弱的地方

人与人之间就是一种对话的关系，一种“我与你”的关系，对话的过程就是主体之间的相互造就过程，对话的实质就是人与人之间在精神上的相通。

——存在主义哲学家马丁·布贝尔

布贝尔所指的对话，实际上就是情感沟通。因此，在人际沟通中一定要考虑对方的心理感受，说令对方感觉舒服、乐于接受的话，这样才容易打动对方，赢得对方的好感。

有这样一则寓言故事：

大门上挂着一把坚实的大锁，铁锤费了九牛二虎之力，也没有把锁砸开。

这时钥匙来了，瘦小的身子往锁孔里一钻，轻轻扭动屁股，大锁就应声打开了。

铁锤奇怪地问："为什么我费这么大的力气也打不开，你却轻松打开了呢？"

钥匙说："因为我最了解它的心。"

在沟通中，你是否能像钥匙了解锁的心一样了解他人的内心呢？是否能够体谅他人的感受，找到他人情感最薄弱的地方，说出最能打动他人的话呢？这是能否顺利与人沟通的重要条件。事实上，沟通绝不只是一种单纯的说话技巧，它还是很重要的情感阅读艺术，即在对话中察言观色，读懂他人的内心，并有针对性地引导、关心，在此基础上的沟通才是最有感染力的。

有一位在台湾开展卡耐基训练课程的教师，有一天他在课堂上要求学员报告他们在这个星期发生的事情。每个学员都要轮流上台讲，但轮到一位女学员时，无论如何劝说，她都不肯上台。当时可以强迫她上台，但教师没有这么做，而是灵机一动，对大家说："我们先休息 5 分钟。"

利用这 5 分钟的休息时间，教师和那位女学员聊了几句：

"我知道，你不愿意上台一定有特殊的原因，对不对？"

那位女学员看了老师一眼，眼眶红红的，然后讲了关于自己的一段往事："我上小学时，曾经代表班级参加演讲比赛，上台之后我由于紧张脑子一片空白，把演讲词忘得一干二净，结果傻傻地站在台上。后来主持人叫我下台，让其他同学演讲。演讲结束后，班主任当着全班同学的面批评我，还打了我一巴掌。这给我造成了很大的心理伤害，从此我讨厌演讲、讨厌老师，也包括你。"

听完女学员的讲述，教师对她说："既然你不愿意上台，那等一下你就不用上台了，我让下一位学员上台讲。" 5 分钟之后，课程继续，没想到那位女学员坚持要上台发言。她上台之后，讲了自己学生时代的失败演讲以及挨的那记耳光，表现得十分伤心。后来全班同学投票，大家都觉得她的故事最令人印象深刻。

当女学员拒绝上台讲话时，教师没有强迫，而是选择及时沟通，并且认真倾听女学员的心声，最终帮助女学员打开了心结。女学员上台讲出自己的故事，就是她打开心结的一种表现。而这一切，源于教师的情感沟通术，他让女学员感到了尊重和关心，给了女学员从心理障碍中走出来的勇气。

不可否认，沟通不能没有技巧，但只有技巧是不够的，还需要有关心他人、体谅他人的同理心。因为只有当你具备同理心，在沟通中遇到疑惑的地方时，才能够耐心地提问、真诚地倾听、充满关怀地开导，这样才能击中他人情感最薄弱的地方，彻底俘虏他人的心。为此，在沟通中应该注意以下两点：

1. 保持良好的沟通态度

人是情感动物，对他人的态度十分敏感，如果得到了热情、友善、真诚的对待，就会感到愉悦，沟通也会变得顺畅起来。因此，要想与别人进行良好的沟通，保持良好的沟通态度是前提。

有位顾客想买海尔冰箱，他先是去了国内某大型电器卖场（A），可是在那里没有受到销售员的热情接待，于是他来到另一家大型电器卖场（B），在这里他得到了热情的接待。于是，他决定在这里买海尔冰箱。他对营业员说："虽然那家（A）赠的礼品多，但那个营业员的态度差，我宁愿在你们这里买。"

对于顾客来说，最渴望得到的就是重视，这体现在营业员热情、礼貌的接待上。聪明的营业员应该明白，在沟通中保持良好的态度才能击中客户的情感薄弱处，才能俘获客户的心，从客户那里获得业绩。很多时候，也许你的能力不是最出众的，也许你的产品不是最好的，但由于你的态度好，重视他人的感受，最后你往往最受人欢迎。

有位教授在某地旅游，其间去一间化妆品店给妻子挑选香水，可是挑了一会儿之后，没有发现自己想要的，于是他在离开时告诉身边的营业员。营业员非常真诚地说："真的很抱歉，我们没有您想要的东西。"教授非常感动，顺手拿起一款香水说："这个也可以的。"

沟通中的真诚态度是不可或缺的，尤其作为销售人员和服务人员，良好的沟通态度绝不能少。这个态度包括脸上的热情微笑，行动上的主动问候，言语上的真诚关心，与客户打交道过程中的礼貌。比如，客户来了，及时端上一杯水，及时搬一把椅子等，都可以很好地拉近客户的心，赢得客户的好感。

2. 充满感情地表达关心

人都有被关心的情感需求，哪怕是陌生人之间一句礼节性的问候，销售员与客户之间一句形式化的关切，都能让人感觉愉悦。当然，越是充满感情的关心，越能俘获他人的心。

有一次，北京某电器卖场的营业员胡女士接待了一位顾客，通过对方的口音判断应该是河南人，于是立即用家乡话与他沟通，瞬间就拉近了他们之间的距离。随后，胡女士很关心地问老乡在北京的工作情况，分享对家乡的思念之情，两人聊得十分亲切，几乎没有谈到产品的事情。结果，老乡从胡女士那里买了一台空调。

从这个例子中可以看出，情感沟通的技巧就是在恰当的时间，以恰当的方式，把恰当的情感信息传达给他人。优秀的职场人士善于揣摩他人的内心活动，找到关心的着眼点，让人感觉特别舒服。

职场金句：

每一个人都需要有人和他开诚布公地谈心。一个人尽管可以十分英勇，但他也可能十分孤独。

——美国作家海明威

数据沟通术：数字本身就是说服力

他们需要从数据中找到有用的真相，然后解释给领导者。

——数据科学家理查德·斯尼

闹市区的一处路口，一位年轻人因闯红灯差点被一辆轿车撞倒，他不但没意识到自己的错，反而和司机喋喋不休地理论起来。司机是一位绅士，他很平和地说："年轻人，闯红灯被撞了，只会得到人道性的赔偿，也就2万元；如果走绿灯被撞了，司机就要负全责，可能会赔几十万甚至上百万元。我建议你下次多等几秒，等绿灯时过马路，那样划算得多。"

司机的话很幽默，他通过对比闯红灯被撞与走绿灯被撞所得到的赔偿数额，忠告年轻人遵守交通规则。年轻人听了他的话之后，如梦方醒，意识到自己错了，马上道歉离开。从这个例子中我们看到，数字本身就是最好的说服。因为它非常直观，让人一听就明白是怎么回事。

国内某家电企业生产出一种质量上乘的洗衣机，并得到国家专业机构认可的“5000 次无故障运行”。为了迅速抢占市场，该公司想出了一条绝妙的广告营销策略：在北京王府井的黄金路段租了一个小亭子，然后把新研发的洗衣机放在小亭子里供来往的人参观。洗衣机始终处于运转状态，而且完全接受群众监督，绝对不可能中途调换洗衣机。

果然，这台洗衣机迅速引起了众人的关注，结果真的连续无故障运转了5000 次，从此该洗衣机成为消费者心目中的名牌产品，销量节节攀升。

在日常的人际沟通中，尤其是在销售过程中，恰当地使用数字可以达到说服客户的目的。因为数字可以体现产品的性能，可以让客户直观地了解产品的优势。例如，你对客户说：“我们的电灯经过专业测验，可以连续使用 5 万个小时而无质量问题。”“我们公司的电器在全国 26 个市级以上地区的销量超过了 260 万台。”“连续使用 26 天 ×× 品牌的洗发水，您的头发可以……”

在介绍产品时，使用精确的数据可以加深客户对产品的印象，增强论据的可信度。在运用精确数据说明问题的时候，销售人员需要注意以下几点：

1. 必须保证数据的真实性和准确性

在沟通中运用精确的数据，能够引起客户的重视和信赖，但前提是必须保证数据的真实性和准确性。一旦客户发现你所列的数据是虚假的或错误的，他们就有充分的理由认为你是在欺骗他们。这样一来，你之前给客户建立的信赖感会瞬间坍塌，你的产品给客户留下的好感也会荡然无存。结果只会适得其反，你再想努力说服客户，就会变得难如登天。

数据不是死的，不是固定不变的，随着时间和环境的变化，很多产品的相关数据都会有所改变。因此，在运用数据时，一定要注意这些数据的变化，切不可 10 年前用的是这套数据，10 年后还用这套数据。要记住，虚假的数据是没有说服力的，有的只是摧毁力，毁掉你的观点、毁掉你的产品形象。

2. 用影响力较大的人物或事件说明

在运用数据说明问题时，要想使你的数据给客户留下深刻的印象，你可以借助那些影响力较大的人物或事件加以说明。由此，可以进一步增加产品的影响力。比如，“某某明星从 ×× 年开始，一直使用我们公司的产品，到现在已经和我们公司建立了 8 年零 3 个月的良好合作关系”“我们的产品是 2008 年奥运会的指定产品，仅那次奥运会就使用了 ××× 箱这种产品”。这样可以发挥名人效应，制造产品的影响力，增进客户对产品的信任感。

3. 利用权威机构的证明

在运用数据说明产品时，最好的数据是经过权威机构认证的。因为权威机构本身就是一种权威的象征，影响力很不一般。当客户对你的产品质量或其他问题提出质疑时，你不妨用经过权威机构认证的数据说明问题，让客户的疑虑烟消云散。例如：“我们的产品经过 ×× 协会的资格认证，在经过了连续 11 个月的调查之后，×× 协会认定我们的产品完全符合国家标准……”

最后提醒一下，在沟通中不可一味地罗列数据，因为数据毕竟是枯燥的，说多了只会令客户感到单调，聪明的做法是适当地穿插使用数据，在最关键的地方运用最精确的数据，这样的数据才能起到画龙点睛、说明问题的作用。

职场金句：

说服有两个最基本的技巧：第一个技巧叫列数据，第二个技巧叫举案例。

来点逻辑：让人进入你的思维模式

在与人交谈时，不要以讨论异见作为开始，而要以强调而且不断强调双方所认同的事情作为开始。

——戴尔 · 卡耐基

办公室里，小陈这几天一直想找机会和老王说话，终于在老王去走廊抽烟时，小陈跟了出去。他对老王说："前两天你骂我的那些话我一点都不认同，不过我这个人度量大，也不和你计较。"

老王笑了笑，说："就为这事啊？我都快忘记了，你咋还记得呢？你到今天还惦记着，这还叫不计较啊？"

小陈脸一红，灰溜溜地回到了办公室。

小陈嘴里说“不计较”，实际上一直在计较，他的话显得毫无逻辑，轻轻松松就被老王抓住漏洞驳斥了。在沟通中，你是否也会像小陈那样说话没有逻辑呢？你可千万别小看说话的逻辑，它是你清晰表达观点，言简意赅地阐述意见的有力武器，更是你反驳他人、说服他人的撒手锏。真正会说话的人，往往是语言逻辑的高手，他们绝不会思维混乱、前言不搭后语，而是思维缜密，讲话有层次、有主题、有条理，让人听后频频点头，不自觉地接受其观点。

一天，公司突然宣布晚上加班，各部门主管纷纷把这个消息传达给下属：“今天公司要求晚上加班。”结果员工们议论纷纷，一时间乱成一锅粥。有的人反对，有的人心不甘情不愿，只有少数人默不作声。

生产部主管的做法却与众不同，他没有直接传达公司加班的旨意，而是召开一个简短的会议，开篇就说：“各位，如果我们公司大客户不给我们下订单会怎么样？”得到的回答是：“没订单公司效益就上不去。”

生产主管又问：“公司效益上不去会有什么后果呢？”

得到的回答是：“我们大家都要倒霉，说不定还要下岗！”

生产主管接着说：“如果客户是因为我们的某个订单不能如期完成而拒绝与我们合作呢？我们能让这样的事情发生吗？”

得到的回答是：“绝对不能让这样的事情发生。”

生产主管说：“是啊，我们的团队是最棒的，绝不能因为我们的原因影响公司的效益，所以我们必须坚决完成生产任务。为此，我们今天晚上需要加个班，相信大家没有意见，对吧？”

下属们纷纷表示没有意见，欣然接受加班的要求。

看看这位生产主管，他就充分运用了逻辑思维与下属沟通，将下属们一步步带入自己的思维模式。善于运用逻辑思维沟通，可以使你的言语锦上添花，使你的表达有条理，使他人更好地理解你的想法。

逻辑是一门宽泛、深奥的艺术，下面简单介绍几种比较实用的逻辑沟通方法，让你在职场沟通中游刃有余。

1. 遇到不利的话题时，巧妙地用逻辑转移话题

在人际沟通中，我们难免碰到一些不利于自己的话题、提问，这个时候如果我们拒绝回答，会让提问者下不来台；如果我们如实地回答，又会让自己陷入尴尬。所以，最好的办法是答非所问，巧妙地转移话题。

假如你是水果店的老板，顾客来到你的水果摊前，想买葡萄却发现你的葡萄不怎么新鲜，于是他问你："还有新鲜的葡萄吗？"这时你可以不直接回答他，而是回答道："有刚进的香蕉，很新鲜的，要不要来点？"

别人问你葡萄，你却回答香蕉，这是典型的答非所问。偶尔答非所问，并不会引起别人的不快，而且只要你的答非所问大方自然，往往很容易把别人带入你的话题中。别人不知不觉就开始关注你的话题，接受你的提议。就像那位顾客，他可能发现你的香蕉很新鲜之后，不再提葡萄之事，直接对你说："给我来几斤香蕉。"

2. 制造"两难选择"，让人做出有利于你的选择

在人际沟通中，有时候你想说服别人，达到自己的目的，可如果直接提要求，很难被答应。这个时候就有必要来点逻辑，甚至故意制造"陷阱"，置人于对你们都有利的两难境地。下面这个例子就是这方面的典型。

美国普林斯顿大学的一个男生爱上了一个漂亮的女同学，但他一直不敢表白。因为这个女生实在太漂亮了，而自己长得一般，各方面也不是特别出众。有一天，他想到了一个办法。他鼓起勇气对那个女生说："你好，这张纸条上有我写的一句关于你的话，如果你觉得我写的是事实，就送给我一张你的照片好吗？"

女生的第一反应是：这又是一个无聊的男生，不就是想追求我吗？何必搞得这么神秘兮兮。女孩见多了这样的男生，她想早点摆脱男生的纠缠，于是答应了男生的请求。她当时想的是：不管他写什么我都说不是事实，那样我就不用送给他照片了。

可是，当女孩看了纸条上的那句话后，马上皱起眉头，因为她绞尽脑汁也想不出拒绝男生的理由，只好乖乖地送给男生一张自己的玉照。

这究竟是怎么回事呢？原来，男生在纸条上写的那句话是："你不会吻我，也不想把你的照片送给我。"如果女孩承认这是事实，那么她就必须按照约定把自己的照片送给男生；如果她不承认这是事实，就意味着她会吻男生，想把照片送给男生。所以，无论怎样她都要把照片送给男生。

这个聪明的男生叫罗纳德·斯穆里安，他所运用的逻辑叫两难选择，即不论对方选择哪个选项，都有利于自己。后来，他成了美国著名的逻辑学家，而那个女孩成了他的妻子。可见，沟通中巧妙地运用逻辑，有可能为你赢得人生重要的财富。

3. 让人一开始就说"是的"，并形成一种习惯

美国作家奥佛斯屈曾说，"一个'否定'的反应"，是人最不容易突破的障碍，当一个人说"不"时，他所有的人格尊严都要求他坚持到底。也许事后他觉得自己说"不"是错的，但他为了保护自己的自尊也会坚持下去。

客户说："因为你的发动机太热了，我的手不能放上去，所以我不会买。"

推销员说："先生，如果我的发动机太热，你就不应该买。我的发动机的热度不应该超过全国电器制造公会所定的标准，不是吗？"

客户说："是的，这是肯定的。"

推销员说："电器制造公会定的标准是发动机的温度可以比室内高华氏72度，对不对？"

客户说："是的。"

推销员说："请问你厂房内的温度大概多少度？"

客户说："大概华氏75度。"

推销员说："如果厂房的温度是华氏75度，加上机器的华氏72度，总共是华氏147度对不对？"

客户说："是的。"

推销员说：“把手放在华氏 147 度的东西上，是不是很烫手？”

客户说：“是的。”这是事实，他必须回答“是的”。

推销员说：“我的提议是，咱们不把手放在上面，是不是呢？”

客户说：“我想是的，你的提议不错。”

最终，这位客户购买了推销员推销的发动机。

美国人际关系学家戴尔·卡耐基指出，在与人交谈时，不要以讨论异见作为开始，而要以强调而且不断强调双方所认同的事情作为开始。也就是说，在沟通中要不断诱使对方说“是的”，尽可能避免对方说“不”。

小测试：看看你的逻辑能力如何

你认为下面哪一个命题最合乎逻辑？

A. 先有鸡，才有鸡蛋。

B. 先有鸡蛋，才有鸡。

C. 凡是下雪的地方，地上都会变白。

D. 凡是穷人，都会很小气。

解析：

选 A 的人：思考模式偏重归纳，热衷于追求结果，但是太过依赖和相信现有的知识，缺乏追根溯源的精神。

选 B 的人：热衷于探求事物的本质，探求知识的来源和本质，思考模式属于溯源型，经常从一个源点思考整个事件，或者是寻找一个起点和中心点，以便了解整个事件。

选 C 的人：思考模式属于单行道式，不擅长反向或多向思考，很容易陷入一种刻板的模式当中，缺少创意。

选 D 的人：思维模式比较偏执，容易走极端，往往会以偏概全，主观臆断地下结论。

麦肯锡：甭想把整个海洋煮沸

你不可能将整个海洋煮沸。

——麦肯锡工作法则

在世界上所有的植物中，最高大雄伟的恐怕要数美国加州的红杉，它的高度在 90 米左右，差不多是一幢 30 层的楼房那么高。很多人都知道，植物越高大，它扎根就越深。但植物学家研究发现，加州红杉的根并不深，而是浅浅地浮在地面之中。按道理来讲，红杉的抗风能力是很差的，一阵大风就可以把它连根拔起。

可事实上，红杉抓地很牢，抗风能力很强，很难被风刮倒。这究竟是为什么呢？原来，红杉虽然扎根不深，但是以团体的形式生长的。一棵棵红杉组成大片红杉林，彼此的根紧密地连接在一起。自然界有再大的风，也难以撼动团队作战的红杉林。

加州红杉告诉我们一个道理：合作的力量是巨大的，团队是不可战胜的。对职场人士来说，合作的重要性是难以用言语形容的。作为一名员工，作为公司的一员，只有懂得与大家团结协作、互帮互助，才能够更顺利地克服工作中的困难，以最快的速度走向成功。

麦肯锡有一句名言：你不可能将整个海洋煮沸。这句话的意思是，个人的知识和能力是有限的，不要试图单打独斗地完成一项巨大的工作，而要善于与大家合作，依靠团队成员的知识、经验和能力共同完成工作，这才是最明智的选择。

在麦肯锡，员工绝不会独自上路，或者说至少员工不会独自工作。公司里的每一项工作几乎都是以团队的方式进行的，从一线的客户项目工作到公司决策的出台，都不是一个人在战斗。

公司最小的工作团队也有两名成员，而对于最大的客户们，公司也许会安排几个 5~6 人的团队同一时间在现场工作，这些团队一起组成了“超级团队”。在 20 世纪 90 年代初期，麦肯锡的超级团队在一起讨论工作时，人数居然多到公司没有一间屋子可以容下大家，于是公司不得不将会议室搬到新泽西的一家宾馆。

麦肯锡认为，依赖团队工作是解决问题的最佳办法。对于麦肯锡来说，它面临的问题要么极其复杂，诸如“当主要市场萎缩时，面对竞争的压力和工会的要求，如何保持股东的权益”；要么非常宽泛，诸如“在这个行业中，我们怎样才能赚钱”。对于这些问题，一个人根本无法应对、无法解决，而需要团队处理。这意味着大家可以分工合作，可以分头收集资料，然后一起分析资料。更重要的是，有更多的大脑思考和琢磨问题。

在你的工作中，当你遇到复杂的问题时，你也可以借助团队的力量来解决，而且应该这么做。在面对复杂的问题时，团队的力量不仅让你的工作轻松一些，更重要的是会取得更好的执行效果。所以，如果条件允许切不可单干蛮干，那是不聪明的做法。

1. 合作不是万不得已时的结果

在职场中，很多人会因为必须在一起工作，才与他人保持合作关系，一旦工作结束，合作关系马上结束。这种合作显然是不可靠的，也不可能长久。真正的团队合作是以“我心甘情愿与别人合作，别人也心甘情愿与我合作”为基础的，这就要求我们在日常工作中，积极表现出合作的动机和意识，如果一项工作可以两个人做，并且两个人可以做得比一个人更高效、更完美，那么请不要一个人去做。这不仅是为个人着想，也是为公司的整体利益着想。

2. 合作的最高境界是取长补短

假如每个人的能力、优势都一样，那谈合作就没什么意义，不过是“1+1=2”的简单能力相加。机械的人力相加，在体力工作中尚且可以，但在脑力工作中就没有意义了。庆幸的是，事实上每个人的能力是不同的，优势也是不一样的，每个人都有自己擅长的和自己不擅长的，合作的过程就是取他人之长、补自己之短的过程。当每个人都把自己的优势发挥出来，把自己的短板弥补之后，团队合作的威力就是最大的，这会大大增加胜算。所以，在合作中没必要斤斤计较，因为相对于“微不足道”的个人利益来说，完成企业的大目标，帮助公司更好地发展，比什么都重要。

3. 合作讲究技巧，讲究优化资源配置

合作不是简单地把几个人叫到一起，然后吆喝一声：“大家一起干。”合作是讲究技巧和分工合作的，除了上面说到的优势互补之外，还需要制定明确的合作目标，制订计划，让每个人把目标和计划铭记在心，再给每个团队成员分配工作任务，彼此相对独立地工作，但相互之间又保持协作。就像机器上的各个零部件，相互之间既有独立，又有协作，才能正常、高效地运转。

说到这里，不由得让人想到了一个故事：

有两个饥肠辘辘、奄奄一息的人行走在沙漠中，幸运的是他们得到了一位长者的施舍：给他们一根鱼竿和一篓鲜活的鱼。他们得到这些东西之后并未分开，而是决定合作下去。首先，他们把鱼烤了，饱餐一顿，想着吃饱了好上路，找一处河流钓鱼，继续填饱肚子。可未曾想到，他们吃完了所有的鱼之后，行走了好长好长的路，也没有找到可以垂钓的河流。结果，他们还是饿死了。

同样还是两个饥肠辘辘的人，他们也得到了相同的馈赠。他们的做法则不同，首先他们定了一个目标：要让这么多鱼维持到我们找到河流。其次，他们制订了一个计划，每走多远吃一条鱼，保证不被饿死就行。就这样，两人统一目标和思想，按照计划合作下去，最终找到了河流，而他们当中有一位是垂钓高手，很快就钓到了鱼，从此他们摆脱了贫穷与饥饿。

想必你也听过这个故事，通过对比，它很直观地告诉我们：合作固然重要，但更重要的是掌握合作的方法，否则即便合作也很难解决问题、克服困难。所以，请牢记合作中目标、计划的重要性，学会优化资源配置，以保证合作顺利而高效地进行。

小测试：你的团队合作意识如何？

1. 如果你的上司让你晚上去公司加班，而那天晚上正好直播世界杯决赛，你会怎么做？

A. 答应去加班。

B. 找个理由，拒绝加班。

C. 去加班，但是偷偷看网络直播，根本没认真做事。

2. 如果某位重要客户在周末下午打电话来，说他们从你们公司购买的设备出了故障，要求紧急更换零件，而相关负责人及维修工程师均已下班，你会怎么做？

A. 告诉负责人，当负责人让你去送货时，你很爽快地答应。

B. 打电话给负责人，把事情告诉他，但暗示负责人你现在很忙。

C. 直接对客户说，周末没法解决，要等周一才能解决。

3. 如果有位与你处于竞争关系的同事向你借一本畅销书，你会怎么做？

A. 很爽快地借给他。

B. 嘴里说：“这本书很垃圾，看不看无所谓。如果你想看，就拿去吧！”

C. 告诉他这本书被别人借走了。

测试结果：

3 道题都选 A：很有团队意识，但要当心，千万别被无关紧要的事情拖后腿。

2 道题选 A：很善于合作，但并非因合作失去个性和自由，你懂得在恰当的时候拒绝。

1 道题选 A：以自我为中心的人，不愿意让生活被工作干扰，不善于同他人合作。

08

自我完善：重视八小时之外的生活

完善自我，不仅是为了把眼前的工作做得更好，更是为了提升自己的知识水平，提高自己的能力，让自己成为一个兼顾工作与生活，兼顾事业与健康的真正“成功”的人。

法式停摆：别把工作带回家

8月，这个国家在很大程度上处于“停摆”的状态。尤其在巴黎，商店纷纷关门，甚至部分博物馆也只在有限的时间段里对外开放。当地民众也似乎集体去了外地——都到大西洋沿岸和里维埃拉度假去了。

——Lonely Planet 赴法旅游指南

一直以来，很多职场人士都在讨论一个话题：下班之后该不该把工作带回家？有些人持肯定态度，认为工作可以与生活合二为一，可以密切统一，在家工作并不影响正常的生活；有些人持反对态度，认为工作是工作，生活是生活，既然下班了，就不该再想工作上的事，而应该放松心情，好好享受生活。对于这个颇有争议的话题，林先生的看法是：当然可以把工作带回家，而且他一直就是这么做的。

林先生下班之后，总是很及时地离开公司，周末也不喜欢在公司加班，他喜欢把工作拿回家去做。他经常下班回到家，吃完晚饭就开始忙碌当天尚未完成的工作。如果孩子缠着他要听故事，或问他什么问题，他会很不耐烦地说："一边待着去，没看见爸爸在忙吗？"如果孩子不乖，他还会发脾气。

就这样，几乎每天家里都有这样一道"风景"：林先生板着面孔，独自坐在书房里完成一些案头的文字工作。他时不时点燃一支香烟，时不时抓耳挠腮，发出烦躁的叹气声。虽然他已经很疲惫了，工作效率也不高，但他无法停下手头的工作。即便毫无思绪，他也不愿意离开计算机桌，去陪陪家人。

妻子对林先生的这种行为非常生气，说了不知道多少次，但林先生并不当回事。久而久之，妻子也不说了，吃完饭就带着孩子去外面散步，或在家里看电视、做游戏，到了睡觉的时候就睡自己的，这严重影响了他们的夫妻感情。

孩子对爸爸也是敬而远之，上一秒和妈妈玩得嬉笑不断，下一秒见到爸爸就马上闭上嘴巴，不敢放声大笑。这也让林先生感到无奈，但他没有想过问题出在哪里，没有想过改变自己的工作方式。

"工作可以使一个人高贵，但也可能把他变成禽兽。"这是西方国家一句流传很广的俗语。我们大概都有这样一种想法和追求：既希望在工作上做出卓越的成就，又想享受自在惬意的生活。可事实上，鱼和熊掌很难兼得，在工作的时候我们要暂时放下享受生活的惬意，下班之后我们同样应该暂时放下工作，全身心地享受惬意的生活。

为什么很多职场人士总感觉活得疲惫？恐怕与他们不能正确处理好工作与生活的关系有关，他们很可能忽视了一个简单的道理：工作是工作，生活是生活，二者不可混为一谈，不可没有界限。假如把工作——谋生的工具视为人生的最高追求，把它看得太重，无疑会让自己陷入不能自拔的压力中，把生活弄得一团糟。

英国著名作家塞·约翰生曾经说："在家中享受幸福，是一切抱负的最终目的，别把工作带回家。"他建议用不同的态度看待工作和生活，在工作上不管你是医生、律师、教授还是老板，你所扮演的角色都是你的职务。下班之后，你应该脱下职务的外套，扮演最真实的自己，好好地陪伴家人，享受生活。

除了不把具体的工作带回家以外，我们还不应该把与工作有关的事情带回家：

1. 家不是战场：请不要把工作中的权力、规则带回家

有位老将军曾在保卫国家的战争中立下赫赫战功，赶走侵略者之后，他没有机会打仗了，于是他把战场转移到家里。他把战争时用过的望远镜、地图等物品摆在客厅最显眼的位置，经常向客人介绍；对待妻子、孩子，他总是颐指气使地下命令，就像指挥士兵那样；与家人吵架吵不过时，就用将军的身份压制他们："这是组织的命令，你们是军人的家人，就必须服从命令。"

老将军的儿子脾气也挺倔，从小就和父亲不和。高中毕业时，父亲坚决不让他参加高考，而是让他去参军。这让成绩优秀的儿子失去了高考的机会，失去了进入自己理想大学的机会，儿子恨透了父亲。从那以后，他不再与父亲说话。参加工作之后，他能不回家就不回家，因为他不想看到父亲。

原本一个好端端的家，由于将军把工作中的权力、规则带回家，破坏了家庭的和谐、民主氛围，影响了家人之间的关系。这个故事告诉我们：无论你在工作中多么牛，哪怕你是部门主管，是公司老板，回到家里你还是家庭的一员，是父亲、母亲或孩子，千万别把工作上的权力和规则带回家，不能回到家里也把家人当作下属，用上司对下属说话的口气和家人说话。

2. 家不是垃圾桶：请不要把工作中的不良情绪带回家

潘辰原来是一家公司的技术员，妻子是银行的职员，工作稳定，孩子活泼可爱，已经上了小学。原本一家人和和美美，让身边的人很是羡慕。可最近半年，由于潘辰的职位得到了晋升，开始独立负责项目研究，工作压力增大了，烦心事也多了。下班回来，他总是唉声叹气，怎么也高兴不起来。妻子问他怎么回事，他也不愿意说。孩子稍微不听话，他就开始发火。搞得家人不开心，他自己事后也很懊悔……

在职场中，像潘辰这样的人并不少，他们虽然没有把工作带回家，但脑子里总是装满工作上的事，比如人事晋升、业绩考评、上下级关系等，于是他们不知不觉把工作中的压力、不良情绪带回家，把家当成情绪的垃圾桶，随便将烦恼、压力发泄到家人身上。

在现代职场中，人容易产生压力，会有不良情绪是正常的，但不应该不注意方式方法地将其发泄到家人身上。要知道，家是温馨的港湾，而不是情绪的垃圾场。如果你有压力、心情不好，你可以找朋友倾诉，或回家和家人好好交流，而不是粗暴地发泄。否则，平静的港湾将无宁日。

3. 思考效率问题：给明天的工作制订一个有效的计划

为什么你总有做不完的工作？是你太过积极主动，承揽了很多工作，包括原本属于别人的工作，还是你不善于安排工作的轻重缓急，导致工作没有效率呢？如果是前者，你有必要学会拒绝，帮同事无可厚非，但不能帮得过头，以至于失去自己；如果是后者，你就有必要思考工作效率的问题了。为此，你不妨每天为第二天的工作制订一个计划，按照工作的轻重缓急制订计划，第二天上班时按照计划工作，保证每一时刻都是在做最重要的事。这样你才能让工作变得有效率，让自己忙出成效，有忙有闲。

职场忠告：

成功地管理时间不是让你把时间完全用在工作上，工作之余还应该留出时间休息以恢复体力，尝试为家庭、朋友、业余爱好和其他休闲活动留出一些时间。

梁厚甫：随身携带一本书

我看见一个美国青年手捧一本书，依靠在球场边的铁丝网上，一只脚抬起来，另一只脚着地读书。而且一读就是两个小时，没有变换位置，直到他把书读完才离开。

——著名作家、美国政论家梁厚甫

书是人类的精神食粮，一本好书能让人受益终生。说到看书，很多人会很自然地联想到正襟危坐于书房里，或靠在沙发上，不受任何干扰地阅读。如果能有这样安静的环境阅读，那无疑是阅读的佳境。可很多时候，我们并没有这样的读书环境，或当我们身处这样的环境时，我们因为这样或那样的原因，没有心思读书。比如，孩子吵闹，要你给他讲故事；老婆唠叨，让你陪她去散步；等等。是不是没有好的读书环境，我们就不读书了呢？当然不是，我们应该寻找新的读书机会，而不必非要在书房里读书。

很多人认为，在书房里坐着读书的姿势最优雅，殊不知，一个人专注阅读时就是最优雅的状态。其实读书并不是什么不寻常的事，我们应该将其当成稀松平常之事，就像吃饭、喝水、睡觉一样，融入我们生活的每个片段之中。只要你随身携带一本书，就可以随时随地、随心所欲地读书。

不知你是否统计过，你的一生中有多少时间花在“等待”上。在车站等候列车，在超市等待收银，在酒吧等待朋友，在马路边等公交车，在景区等待参观……等人、等事，或等物，每一天你几乎都要等待。很多人在等待时，神情焦急、坐立不安，为什么不随身携带一本书，利用等待的时间读书呢？

随身携带一本书，你会发现等待的时间不再漫长，等待的过程不再煎熬。那种焦灼不安、烦躁心慌的感觉，会被安静悠闲、轻松淡定取代。如此一来，既增长了知识，又让等待变得不再枯燥。

如果你外出旅行、度假，更应该随身携带一本书，它可以让你的旅途不再寂寞，又能帮你打发几个无聊的夜晚。就连白天上班也可以随身携带一本书，在上下班的途中，在公交车或地铁上，可以享受阅读带给你的精神滋养。

随身携带一本书，可以帮你更好地成就自己的梦想。比如，你想在业余时间研究某方面的知识，研究经济学、学习外语、学习烹饪等，你可以随身携带一本书，利用空闲时间阅读、研究。这样既不会占用你大量的工作时间，又能让你轻松地学到想要的知识。通过几年的日积月累，你就会在相应的方面获得丰富的知识，而别人在惊讶你突然掌握了一项特长之后，却不知道你是如何修炼出来的。

“如果每个人都能在背包里放一本书，我相信，所有人的生活会更美好。”这是《马尔克斯传》中的一句话，被深圳知名青年作家郭海鸿视为珍宝。他曾经与读者交流自己的读书心得，他说：“我每天都在包里放一本书，多年来背包换了好几个，带书的习惯却没有变。一书在身，唾手可取，不分场合，不计时间，有机会就看上几页，随时可以实现阅读的增量。”他建议大家每天在包里带一本书，有空的时候就拿出来读一读。

苏联大文豪高尔基说过：“时间就像海绵里的水，只要去挤总会有的。”如果你能随身携带一本书，那么一年下来、10年下来，你将会挤出很多阅读的时间，你将获得巨大的知识财富，这些知识也许能帮你实现自己的梦想。不要小看每一分钟，每天读几分钟的书，点滴积累，就可以让你拥有汪洋大海般的知识量。

1. 每天读书不在多，贵在坚持

读书是一种优秀的习惯，随身携带一本书，每天有空的时候读一读，一天哪怕读30分钟的书，一年下来也有160多个小时。只要你能坚持下来，每一次所读都会被计入你的阅读量。而这些累积的阅读量，就会潜移默化地充实你的内心，提升你的思想和觉悟，悄然之间转化成为你的言行，转化成为你的见识和智慧，使你成为一个有智慧的人。

试想一下，如果你每天读书15分钟，以最普通的阅读速度计算，每分钟读200字，15分钟读3000字，一个月就是9万字，1年的阅读量就达到了108万字，而一本书的字数往往从七八万到十多万不等。这样算下来，你一年就可以读10本书。这个阅读量是相当可观的，而且并不难实现，只要你能坚持下来。

2. 选择容易携带的书

也许你觉得随身携带一本书，会给自己的包包制造压力。确实，有些书很大，有些书很重，装在包包里，带在身边有些费力。其实，这并不是什么难题，解决起来很简单。

（1）选择小读本。市场上的一些书籍，往往会有小读本，就像小人书一样，版式不大，文字不多，携带起来特别省心。而且小读本的书容易读完，会激发你的阅读兴趣。当你读完一本又一本时，会觉得很有成就感。

（2）利用手机阅读电子书。现代职场智能手机人手一部，而且手机越来越高级，越来越人性化。遗憾的是，我们看到公交车上、地铁里、商场里、马路边，很多人拿着手机在玩，就是没见几个拿手机看电子书的。手机是我们的随身必带品，你完全可以利用手机找寻自己爱读的电子书，这样阅读就变得十分方便。

3. 读书原则：不强迫自己，随心而读

读书是一件快乐的事情，应该内化成一种习惯。随身携带书籍并不是为了强迫自己去读，那样会让读书成为一种痛苦的事情。正确的做法是，随心所欲，想读就读，慢慢地培养自己的阅读兴趣，慢慢地养成阅读的习惯。这一点对于不爱读书的人来说尤为重要。

职场金句：

阅读的最大理由是想摆脱平庸，早一天就多一份人生的精彩；迟一天就多一天平庸的困扰。

——中国作家余秋雨

叔本华：读完一本书，花3倍时间思考

如果一个人只是大量阅读，把读书当成空闲时光不动脑筋的消遣，那么长此以往，他就会失去独立思考的能力。就像一个总是骑在马背上的人，最后会失去行走的能力一样。

——德国哲学家叔本华

两千多年前，中国伟大的教育家孔子曾说："学而不思则罔，思而不学则殆。"这句话的意思是，一味地读书而不思考，只会被书牵着鼻子走；只思考而不读书，就会更加疑惑、更加危险。通俗地说，只读书而不思考，就好比吃到肚子里的食物未经肠胃消化，不能转化为营养供给身体，这样吃的东西再多也是浪费，读的书再多也是徒劳。

在生活中，有些人读书一味地追求速度、追求数量，讲究一目十行的快速阅读，书籍和知识在他们面前就如过眼云烟，只是匆匆留下些许印象，转眼就被他们抛于脑后。更严重的是，他们读完书后也不思考自己对书中某些知识留存的疑问，这样就无法将读书得来的知识内化成自己的学问，这样不过是在“读死书”，即使读的书再多也不能掌握知识，让知识为自己所用。

一天深夜，新西兰著名的物理学家卢瑟福走进实验室，看见一个学生正在认真地看书。卢瑟福走过去问那个学生：“这么晚了，你在干什么？”

学生说：“我在看您编的最新讲义。”

“那你白天都做什么？”卢瑟福问。

“白天也在看书啊！”

“早晨也在读？”卢瑟福继续问。

“是的，教授，从早到晚我都没有离开书本。”学生回答时显得非常兴奋，以为会得到卢瑟福的夸奖。

不料，卢瑟福反问了学生一句：“那你用什么时间思考呢？”

读书不能仅仅满足于开卷有益，更重要的是思考。英国的弗·奥斯本说过这样一句话：“与其匆匆博览百书，不如彻底消化几本。”法国作家伏尔泰也说过类似的话：“书读得越多而不加思考，你就会觉得你知道得很多。而当你读书思考得越多的时候，你就会清楚地看到你知道得还很少。”

所以说，读书虽然重要，但需要与思考相结合，读完一本书，甚至要花3倍的时间思考、消化，你才能真正把书中的知识变为自己的财富。正如法国作家巴尔扎克所说：“一个能思考的人，才是一个真正的力量无边的人。”

1. 思考的第一步是弄清书中所讲的含义

读书不能没有思考，而思考的第一步是弄清书中所讲的含义。这是最基础的思考，也是一切思考的前提。因为读书，你首先得读懂书里的内容，这就离不开思考。通过积极的思考，或借助工具，比如查字典、请教他人，将书中的内容理解透彻，这是读书必不可少的一步。

2. 联系实际多问几个“为什么”

当你理解了书中的内容之后，你对这些内容有什么看法呢？你对书中所讲的事物是否有不解之处？如果有，那一定要多问几个“为什么”：

为什么作者要这样构思行文？

为什么作者的经历如此丰富？

为什么书中所讲的事物会有这样的特性？

对于你所提出的疑问，你应该联系实际做深入的研究和透彻的思考，这样你才能提高自己的认知水平。大科学家牛顿曾说：“如果说我对世界有些贡献的话，那不是由于别的，只会是我辛勤耐久的思考所致。”在读书的时候思考，一是为了学习已有的知识，二是为了消化所学的知识，并在广泛吸收精华的基础上提出自己的见解，由此深化认识，加深理解。

3. 尽信书不如无书，对书要有质疑态度

读书不仅是为了学习别人现成的知识，还是为了在别人的知识和发现的基础上，提高自己对事物的认知。切不可迷信书，因为书也是别人写的，是人写的就难免有不完美的地方，甚至有错误的地方，所以我们要敢于质疑，敢于求证。

盖伦是古罗马时代的名医，也是解剖学的权威人士，他建立了完整的解剖学理论体系。他认为肝脏的“自然之气”混在血液里，就像潮汐涨落那样每天来回做着直线运动，以给各器官供给营养，维持生命。

一千多年来，人们将他的书视为经典，将他的观点视为真理，从来没有人提出过质疑。但比利时医生维萨里却没有迷信盖伦的观点，在大量临床实践的基础上，维萨里对此提出质疑，并写了一本名为《人体的构造》的著作，纠正了盖伦认识上的错误。

人类对事物的认识往往不是一次完成的，而是分阶段性的，因此当你看到前人对某事物提出某些观点之后，切不可认为他的观点是百分之百的正确。

也许前人也有思考欠妥的地方，也遇到了不解之处，因此你应该在他的基础上，在吸收其有益观点的同时，对你感到不解的、不认同的地方提出质疑，并积极求证，寻找新的答案，这样你才能通过阅读不断提高自己。

职场金句：

读书而不回想，犹如食物而不消化。

——爱尔兰作家伯克

博恩·崔西：与精英为伍，并向他们学习

不管是在你的现实生活中，还是想象中，你习惯相处的那些人，都会对你想成为的理想人物的目标有极大的影响力。

——世界潜能大师博恩·崔西

在现实生活中，你和谁在一起真的很重要，与你交往的人不仅会潜移默化地影响你，甚至会改变你的成长轨迹，决定你的人生成败。和什么样的人在一起，向什么样的人学习，就会有什么样的人生。

和勤奋的人在一起，向勤奋的人学习，你就不会懒惰。

和积极的人在一起，向积极的人学习，你就不会消沉。

和智慧的人在一起，向智慧的人学习，你就不会愚钝。

与行业的优秀人士在一起，并向他们学习，你就会慢慢登上行业的巅峰。

科学研究发现，人是唯一容易受到暗示的群体。与优秀的人士在一起，受到积极的暗示，会对你的情绪和生理状态产生积极的影响，会激发你的潜能，促使你不断进步。所以，应想办法接近优秀人士，与他们交朋友，向他们学习，接受他们的建议和一切积极的影响。

28岁那年，贝尔拜访了著名的物理学家约瑟夫·亨利，与他谈论“多路电报”的实验，但是亨利对他的实验并不感兴趣。贝尔又提到他在实验中观察到的一个现象：“当我把包着绝缘材料的铜线缠成螺旋状，并有间隔地通电时，可以听到线圈上发出嚓嚓声。”亨利听到这里，马上打起了精神，他意识到年轻的贝尔所谈的现象是一个新发现。他对贝尔说：“我想亲眼看你做这个实验。”

那天，天空刮起了刺骨的寒风，亨利叫来马车，打算前去贝尔的住所，看贝尔做那个有趣的实验。贝尔担心亨利吃不消，就把仪器带到亨利的住所做实验。在实验中，亨利真的听到了电流通过铜线圈时发出的声音。

贝尔对亨利说：“我认为可以利用这个原理让电报线传递人的声音，不过我没有足够的电学知识，我不知道该不该把这个设想公之于众，让电学专家进一步做这个研究。”亨利鼓励他说：“如果你觉得自己缺乏电学知识，那就努力掌握这方面的知识。你有发明的天分，好好干吧！”

后来，贝尔成功发明了电话，谈起当初的经历时，他说：“我简直无法描述那两句话是怎样地鼓舞了我，要知道，在当时对于大多数人来说，通过电报线传递声音无异于天方夜谭，根本不值得花费时间去考虑。如果当初没有遇上亨利，也许我发明不了电话。”

约瑟夫·亨利作为物理学家，无疑是位优秀人士，贝尔之所以拜访他，正是因为他足够优秀，他身上有值得自己学习的地方。幸运的是约瑟夫·亨利看好年轻的贝尔，并向他提出了中肯的建议，这极大地鼓舞了贝尔发明电话。由此可见，与优秀者成为朋友，向优秀者学习，接受优秀者的建议，对提高自己、成就自己是极为有利的。

和优秀人士交往，是人生最大的乐趣；向优秀人士学习，是人生最大的幸事。在生活中有这么一种人，你和他坐在一起就有一种遗憾，因为觉得和他认识太晚了；有这么一种人，仅仅和他说几句话，你便会豁然开朗；有这么一种人，哪怕和你相处几个小时，即便没有过多的交谈，你便能从他身上学到苦苦找寻很久也未找到的东西。这些人也许不能被称为成功者，也算不上有多么优秀，但对你而言，他们就是优秀人士，就值得你去学习。

1. 虚心向周围的人请教，取他人之所长补自己之所短

虚心是优秀的品质，是受人欢迎的特质。虚心不是无能，而是一种示弱，是接近他人，尤其是接近优秀人士的踏板。在这个世界上，几乎没有人会拒绝一个虚心向自己请教的人。对于正在走向成功、内心又有点小骄傲的优秀人士来说，你虚心向他们请教，可以很好地满足他们的自尊心和虚荣感，会赢得他们的好感。

当你以低姿态对优秀人士说“我遇到了一个问题，不知道你是否可以帮我”时，注意观察对方有什么反应，对方的脸上肯定会写满骄傲、得意和热情，他们会很高兴地替你想办法，给你提建议。

有个年轻人创办了一家乡镇企业，经营初期遭遇了很多困难，公司一度陷入了绝境。可是她不放弃，而是积极地拜访同行业优秀的企业老总，虚心听取他们的建议，向他们学习经营之道。半年后，年轻人的经营能力获得了巨大的提升，公司逐渐走入了正规，并且发展得越来越好。

值得注意的是，在向优秀人士请教时，你的提问可以不复杂，但是别愚蠢。假如你不确定自己的问题是否愚蠢，你可以这样说：“我觉得这个问题有点愚蠢，但说实在的，我真的有些弄不明白……”这样可以表现出你的坦诚，可以给你加印象分。

有时候，你向优秀人士请教问题，并非你真的不懂这个问题，而是为了找机会与对方搭讪，与对方建立关系。这时就要特别注意了，虽然主动找些小问题去请教对方无伤大雅，但是在倾听时千万别露馅了，一定要认真聆听，仔细听取建议。

如果你有不同的看法与对方讨论，最好不要在第一次就与对方讨论。你可以在下一次遇见他时，对他说："感谢你上次给我的建议，我回去之后照做了，可是结果（成功也好，失败也罢）……"问题本身也许已经不重要了，重要的是通过这次提问，你既反馈了对方，又增加了与他打交道的机会，有利于你们之间建立进一步的联系。

2. 善于发现别人身上的优点，并把它转化成自己的长处

"三人行，必有我师焉，择其善者而从之，其不善者而改之。"这是大教育家孔子教育弟子的话，他告诉弟子：每个人身上都有我们学习的优点，对于他们的优点，我们应该选择性地学习；对于他们的缺点，我们要对照自己，看看自己有没有这种缺点，如果有就去改正。

孔子的教诲对现代职场人士特别适用，因为对于很多职场人士来说，他们所在的交往圈子是有限的，在这个圈子里，并没有那么多出类拔萃的优秀人士。既然如此，如果仅仅是与优秀人士为伍，向优秀人士学习，那么学习的面就太窄了。聪明的做法是，但凡他人身上有自己欠缺的优点，就虚心地向他们学习。

比如，有的同事特别守时，上班、开会从来不迟到；有的同事特别细心，工作上几乎没有因粗心大意导致的差错；有的同事待人热情，乐于助人，总是笑嘻嘻地帮助身边的人……这些优点都值得我们学习。当你虚心地向身边的同事学习时，不仅可以让自己获得更多的长处和优点，还能与大家建立良好的人际关系，何乐而不为呢？

职场金句：

成功的捷径是与成功者为伍。

——股神巴菲特

纳德·兰塞姆：睡前五分钟自省自问

假如时光可以倒流，世界上将有一半的人可以成为伟人。

——纳德·兰塞姆

有这样一则寓言故事：

有个年轻人十分乐于助人。有一次，他遇到了困难，想到自己平时帮助过很多朋友，于是就向他们求助。没想到，那些曾经得到他帮助的人对他的困难却视而不见、充耳不闻。他十分失望和愤怒，以至于怎么也想不明白，百般无奈之下，他找一位智者诉苦。

智者对他说：“帮助别人是好事，但你却把好事变成了坏事。”

“什么意思？”年轻人大惑不解。

智者说：“理由有三个。第一，你不懂得识人，帮助了那些没有感恩之心的人，这叫不分青红皂白，这是你眼拙；第二，你手拙，假如你在帮助他们的同时，也培养他们的感恩之心，他们也不至于把你的帮助当作理所当然，也不至于忘恩负义；第三，你心浊，你在帮助他们的时候，就想着将来有困难时可以向他们求助，而不是用平常心看待助人这件事。”

年轻人听了智者的话，惭愧地低下了头。这时智者对他说：“现在你最需要做的是反省自己，而不是抱怨、指责别人，只有这样你才能从这件事中获得成长，否则你今后还会犯同样的错误。”

遇到看不明白、想不透彻的事情时，我们应该深刻地反省自己，而不是抱怨、指责别人。自省自问是一种优秀的品质，心理学中将自省解释为“通过自我意识来省察自己言行的过程”，也就是自我评价、自我反省、自我批评、自我调控和自我教育。

曾子曾说：“吾日三省吾身。为人谋，而不忠乎？与朋友交，而不信乎？传，不习乎？”意思是：每天多次反省自己，问自己替人家工作是否不够尽心？与朋友交往是否不够诚信？老师传授给自己的学业，自己是否反复实践了？通过每天的多次反省，可以及时发现自身的问题，及时改正不足，不断地完善自己。

对于现代职场人士而言，也许忙碌的工作让你没有时间多次反省自己，但是在每天睡觉之前，你完全可以抽出一点时间靠在床头，闭目冥思，自省自问。哪怕只有短短的5分钟，你也可以像曾子那样问自己：上班工作是否不够尽心？与朋友交往是否不够诚信？从他人身上学来的优点，是否反复实践？

纳德·兰塞姆是法国著名的牧师，他去世之后被安葬在圣保罗大教堂，他的墓碑上工整地刻着他的手迹——假如时光可以倒流，世界上将有一半的人可以成为伟人。兰塞姆的手迹是什么意思呢？有位智者是这样解读的：“如果每个人都能把反省提前几十年，至少有一半人可以成为了不起的人。”这足以体现反省对于一个人成长、成才、成功的意义。

纵观古今中外，那些成就卓越的优秀人士，都有自我反省的习惯。晚清重臣曾国藩，每天都有自我反省的习惯，对于自身出现的问题勇于自我批评；日本著名的商业实业家稻盛和夫，每天都会反省自己是否有一颗善良、高尚的心灵，是否在做利他的事情。

日本“经营之神”松下幸之助也有自省的习惯。有一次，一个下属因工作经验欠缺导致工作失误，松下幸之助勃然大怒，在公司会议上狠狠批评了下属。事后想一想，他觉得自己言行过激，深感惭愧，于是他给那个下属打电话，诚恳道歉。当天恰逢那名下属乔迁新居，松下幸之助立即登门祝贺，还亲自帮忙搬家具，忙得满头大汗，令下属十分感动。

自省是一个人成功的关键因素。一个人只有每天养成自我反省的习惯，每天与自己对话，才能客观地评价自己，不断地提高自己。职场竞争空前激烈，“逆水行舟，不进则退”，要想走在职场的前列，唯有不断地自省。

1. 我今天的工作都完成了吗？

很多上班族每天走出公司，犹如逃离笼子的鸟儿，觉得迎来了短暂的自由。与此同时，他们拖着疲惫的身子回到家，恨不得早点躺在床上睡大觉，好像只有睡觉才能缓解身心的疲惫。早点躺下去没什么不好，但最好不要倒头就睡，不妨靠在床头闭上眼睛，在脑子里慢慢地回顾这一天的工作。

2. 我今天与同事相处得怎么样？

身在职场，你每天面对的不仅是工作，还要与人打交道。如果与大家相处开心，无疑会增加你的工作动力和工作乐趣。因此，你有必要问自己这样几个问题：

（1）我与同事、上司，甚至是下属相处得怎么样？

（2）我与公司客户相处得怎么样？

（3）我的言行是否有不太礼貌的地方？是否让人感到冒犯了？

（4）我今天在交际中，哪些方面表现得不错，值得我继续发扬？

通过问自己一些人际相处方面的问题，可以明确自己与人交往的优点和不足，从而提醒自己继续发扬优点，积极改正不足，让自己成为更受欢迎的人。

3. 我今天犯了哪些不该犯的错误？

人人都会犯错，犯错并不可怕，可怕的是逃避错误，不愿意从错误中吸取教训，不愿意积极改正错误。为此，你有必要每天问自己：

（1）我今天犯了哪些不该犯的错误？

（2）这些错误分别是什么原因造成的？

（3）怎样避免不再犯类似的错？

（4）哪些错误是我难以掌控的？我以后又该如何避免？

对于不该犯的错误，比如粗心大意导致工作出错，言行不慎得罪客户等，这样的错误不是能力问题，而是态度问题，一定要改正过来；对于有些错误是自己控制不了的，是意料之外的，也要及时总结原因，争取下次避免。

4. 我是否离目标更近了？

作为一个积极的职场人士，应该有明确的人生目标，它可以分为长期目标、中期目标和短期目标。短期目标可以是每天的工作目标，比如我今天要完成多少销售额，我要完成多少设计任务。中期目标是一个阶段性的目标，可以是一个月的目标，也可以是两个月、三个月的目标。而长期目标是由中期目标和短期目标组成的，是需要漫长的坚持和努力才能实现的，可能是一年的总目标，也可能是三年、五年的大目标。对于这些目标，只有每天自省，才知道自己是否离目标更进一步。

以一位销售人士为例，他的长期目标是在 5 年之内赚 50 万元，用这笔钱买房。每年的目标是赚 10 万元，平均到每个月则是月收入不得低于 8000 元。

要想达到月收入 8000 的目标，每个月的销售额不得低于 30 万元，因为达到 30 万元，他才能拿到 5000 元的保底工资（若没达到 30 万元的销售额，按照比例扣除保底工资，同时享受不到业绩提成），同时拿到 10% 的业绩提成。

刨去每月 8 天的休息日，剩下 22 天的工作日，每天至少要完成 13636 元的销售额。

为此，他每天睡觉之前都会问自己：我今天的销售目标完成了吗？我这个月离 30 万元的销售目标还差多少？我明天应该怎样完成更多的销售额？通过不断地反省、不断地想办法，他不断地提高自己的营销手段，业绩稳步提升。结果，他每个月几乎都超额完成任务，一年收入远超 10 万元，仅用 3 年多一点的时间就赚到了 50 万元，顺利地实现了买房的目标。

很多人都知道目标和计划的重要性，他们也很努力地按照计划去执行，可是最终还是没有达成目标。为什么呢？因为他们忽略了每天的自我反省。只有每天反省自己，才能及时发现问题、及时纠正偏差，让浮躁的心沉淀下来。这样才不至于因为某一天超额完成目标而得意扬扬，忘乎所以，也不至于因为某一天未完成当天的目标而消沉沮丧，才能一步一个脚印，稳步地朝人生的大目标迈进。

行动方案：每天问自己以下几个问题

1. 我今天的工作都完成了吗？完成的质量怎么样？

2. 是否有做得不好的工作？如果有，应该怎样改进呢？

3. 工作效率怎么样？怎样才能提高效率呢？

4. 是否很忙碌？为什么忙碌？是否应该想想办法？

5. 有计划的习惯吗？是按计划工作吗？

6. 明天的工作计划制订好了吗？明天的工作重点是什么？

通过问自己这样一些问题，可以促使自己不断地思考：怎样才能提高工作效率？怎样才能让自己不瞎忙？

王石：生命在于运动

生命在于运动，运动是我的一种生活方式。

——中国企业家王石

“生命在于运动”，想必你对这句话已烂熟于心。但是扪心自问：

你今天运动了吗？

你有运动的习惯吗？

对于这两个简单的问题，很多职场人士的回答是否定的。之所以说它们是“简单”的问题，是因为运动无处不在、无处不有，只要你想运动，就可以做到。比如，用爬楼梯代替乘电梯，用疾步快走代替慢慢行走。

当然，你也可以讨价还价，问："正常步行可不可以？"回答是肯定的，步行也是运动，而且是最经济实惠、最平民化的运动。相比整天待在室内，坐在计算机桌前不出门，坚持每天步行也是值得表扬的。

现代职场竞争之激烈、工作压力之大，让很多职场人士感到身心俱疲，好不容易熬到下班、熬到周末，大家想的只是怎样多休息一下，而懒于运动。其实，工作越是疲惫，越应该利用空闲时间去运动。运动不仅可以锻炼身体，还可以缓解身心的疲劳，可以释放内心的压力，让人在大汗淋漓之后感到全身轻松，在一觉醒来之后感到精神抖擞。

万科集团创始人、原万科集团董事会主席王石，就是一位热爱运动的人，他说："生命在于运动，运动是我的一种生活方式。"王石喜欢玩飞伞、驾驶帆船，在进行每一项运动之前，他都会接受专业的训练，像认真工作一样认真地运动，在运动中寻找刺激，感受快乐。王石喜欢的运动项目有很多，但最令他着迷的是登山。

珠穆朗玛峰曾经差一点被王石当成运动休止符的地方，因为当时王石被诊断出下半身有可能瘫痪，于是他决定在还能走路的时候去攀登。没想到，这次诊断是虚惊一场，结果珠峰成了王石运动的开始。数年之后，王石远离都市、远离人群，不断在登山中体验生命。王石说他喜欢登山的刺激，要做生命的主人。

登山原本是中国人的传统娱乐项目，比如重阳登高。但对王石来说，登山更像是换一种生活方式。他喜欢登雪山，而登雪山随时都有生命危险。在这种状态下，当他安全回来之后，他会无比怀念那些艰险的历程，从而使他"超越自我而满足"。

王石在30岁之前，一直不知道自己喜欢干什么，不知道自己擅长干什么；34岁时，他创办了自己的第一家企业；40多岁时，他做出了一个涉足10多个行业的大公司。但是他一直在找寻答案：我这样奋斗到底是为什么？

王石说："其实，每一次进山我就后悔了，上到海拔四五千米，风刮着，头疼、恶心，我就骂自己，问自己怎么犯贱又来了？可爬着爬着，还没登顶，我又开始想下一次该登哪座山了……”

爱运动的企业家远不止王石一人，网易公司创始人丁磊、阿里巴巴集团创始人马云等，都是运动的爱好者。丁磊喜欢环岛骑车，马云是个武侠迷喜欢打太极。

也许有人会说：“这些大企业家都功成名就了，有的是时间和金钱去享受运动的乐趣，我们这些上班族，哪有那份时间和闲心去运动呢？”殊不知，大企业家固然有钱，但他们也非常繁忙，虽然有下属帮他们管理公司，但很多事情还必须经他们之手。因此，说他们时间充裕并不符合客观情况。

其实，一个人是否运动，关键不在于有没有时间，而在于他是否有运动的意愿。只要他想运动，就能找出运动的时间；只要他想运动，就能找到适合自己的运动方式。对于职场人士来说，只要你想运动，完全是可以做到的。

1. 利用上班间隙去运动

不要以为上班时间就必须分分秒秒地忙碌，上班也有休息时间，比如午休时间，大型公司还有下午茶时间，你完全可以利用这些时间去运动。比如，吃完午饭去爬爬楼梯，下午茶时间和同事打打羽毛球。如果你的公司有健身场所（有些大公司有自己的健身房），里面有多种运动项目，你完全可以去尝试。

你也可以利用工作间隙，比如工作 50 分钟，休息 10 分钟。利用这 10 分钟去公司的走廊伸伸懒腰，做做简单的肢体运动，蹦一蹦、跳一跳，甩甩手臂、甩甩腿，还可以撑在墙壁上，做几个俯卧撑，或用你的背部撞击墙壁，让久坐的腰部和背部得以缓解疲劳。这些简单的运动并不需要多少时间，日积月累下来会让你积累不少运动量。

2. 每天抽出 30 分钟运动

如果你觉得上班间隙做运动影响工作，或害怕上司有意见，那你不妨回归传统，在每天下班之后抽时间运动。比如，下班后你乘公交车回家，可以提前两站下车，然后步行回家或跑步回家。回到家里，少看一会儿电视，少玩一会儿手机，抽出 30 分钟的时间去外面跑两圈，或提早 1 个小时睡觉，第二天早起 1 个小时去晨跑。只要你坚持锻炼，不出 1 个月，你就会看到明显的效果。你会发现走路时全身轻盈多了，上班时精神状态好多了，工作效率也会大有提升。

英国利兹都会大学研究发现，在工作中抽空进行 45~60 分钟有氧运动的员工，在与同事互动、时间管理、如期交差这三项工作表现中，65% 的人表现得比以往没有运动时更好。这个研究数据说明，坚持运动对提高工作效率很有帮助，因此大家不妨抽出时间来运动。

3. 每个星期至少运动 3 次

天天运动对很多上班族来说不容易做到，但每周抽出 3 天时间运动，这一点不是难事。仅周末就有 2 天自由运动的时间，周一到周五，任意抽出一天时间去运动，这样一周就可以保证 3 次运动了。

值得一提的是，如果你很久没有运动，头几次运动最好不要太剧烈，不然你会感到体力不支，而且运动之后连续几天都可能腿脚酸胀，全身不适。建议你循序渐进地增加运动量，并先选择不那么剧烈的运动。

行动方案：

结合你的实际情况，制订一个运动计划，为锻炼身体做准备！

高效能人士：做好自我投资

人生最值得提高的是投资自己。

——《高效能人士的七个习惯》

美国田纳西州有一位来自秘鲁的移民，经过多年的辛勤开垦和耕种，他在此处拥有6公顷的山林。后来，美国西部掀起了淘金热，这位移民变卖了所有的家产、耕地和山林，举家西迁，在西部买了90公顷土地，想在这块土地上钻探，以期找到金沙或铁矿。可是5年过去了，他没有找到任何东西，还把家底都折腾光了。

当他举家落魄地回到当初的故地时，发现那儿机器轰鸣，工棚林立。一打听才知道，当年被他变卖的山林就是一座金矿，新主人正在挖山炼金。如今这座金矿仍然在开采中，它就是美国有名的门罗金矿。

一个人一旦失去了属于自己的东西，就可能失去一座金矿。因为每个人原本就是一座金矿，只可惜很多人没有意识到，他们总是眼光看向别处，疲于奔命地找寻宝藏，却忘记了审视自己，忘记了投资自己。假如当初那位秘鲁移民认真考察自己的山林，用心勘探，也许他就能成为那座金矿的主人。

在这个世界上，每个人都像一块潜藏着宝藏的土地（或山林），每个人都有独特的潜能和天赋，这些潜能和天赋就像金矿一样需要去发现、去开采。因此，学会自我投资是很有必要的，只有懂得在自己身上投资的人，才能开发出自身潜藏的宝藏，成为最富有的人。

对于身处职场的上班族来说，可以从四个方面对自己投资。记住，自我投资需要保持耐心，需要长期坚持。只有坚持下去，你才能看到奇迹发生。

1. 知识投资

无论你是不是名牌大学毕业的，哪怕你没有上过大学，甚至只有小学文化，这些都不重要。重要的是你要有一颗热爱学习之心，并有强烈的学习欲望，这样谁也阻挡不了你获取知识的脚步。

美国一所大学毕业前的最后一场考试，教授把试卷发给全班同学。试卷上只有 5 道论述题，而且是学生们从未接触过的论述题，学生们都彻底傻了眼。时间一分一秒地过去，考试时间结束，教授开始收集试卷。

学生们一个个垂头丧气，脸上写满了无奈。教授端详着学生们的脸，问大家："有几个人答完了 5 道题？"没有人举手；"有几个答完了 4 道题？"还是没有人举手；"3 道题？ 2 道题呢？"大家都不说话；"答完一道题的总有吧？"全班学生沉默不语。

突然教授转忧为喜，面带微笑地对大家说："这正是我的预期，我只是想让大家知道，即使你们完成了 4 年的大学教育，仍有你们不懂的知识，这些你们回答不了的问题，正是你们日后应该坚持去学的。"

接着教授说："大家请放心，这个科目你们都会及格，但要记住，虽然你们毕业了，但是你们的学习才刚刚开始。希望你们走入社会之后，继续保持一颗学习之心。"时间流逝，学生们已经淡忘了这位教授的名字，但是大家都铭记着他的教诲。

俗话说："活到老，学到老。"学习是永无止境的事情，学习是一件终生不止的事业。在如今这个信息时代，知识的获取渠道很多、很便捷，只要你愿意学习，就可以学到自己想学的知识。你可以通过网络学习，比如在网上看各种公开课、培训课的视频，你可以下载各种课件，可以看各类你想看的书籍。你还可以参加成人高考、参加自学考试，更可以花钱参加专业性的培训课程。一切的一切，只要你想学，就可以学到。

2. 资源投资

确切地说，资源投资指的是人脉投资，就是交朋友、拓宽人脉。常言道："朋友多了路好走。"在职场中，你有必要重视结交善缘，广交朋友。除了结交同行业的朋友以外，你还应该广交各行各业的朋友；除了与已经成功的人交朋友以外，还应该慧眼识人，结交"潜力股"类型的朋友；既要结交工作、事业上的朋友，还应该结交生活、休闲方面的朋友，即能够与你玩到一起的朋友。通过广交朋友、广结人脉，你可以拥有强大的人脉资源，当你需要帮助的时候，就能获得更多的支援。

3. 经历投资

一个人的经历是其宝贵的财富。走得多、看得多，见多识广，想问题的思路也会大不一样。工作之余，你应该尽量走出去，比如来一次说走就走的旅行，哪怕是"穷游"，也可以去未曾去过的地方，去体验未曾体验过的风土人情。你还可以做些冒险、富有挑战性的事情，比如登山、户外探险等。如果你手头有点闲钱，还可以尝试一些小的创业，哪怕摆个地摊，开个杂货店，通过这样的项目，你也能产生不一样的思维，更多地以老板心态思考问题。

有个农民初中还没毕业，由于家里没钱，只好辍学回家帮父亲种田。19

岁那年，他的父亲去世了，家庭重担全部落到他的肩上。他要照顾身体不好的母亲，还要照顾瘫痪在床的祖母。

20 世纪 80 年代，农村家庭联产承包责任制盛行。为了养家糊口，他承包了一块水洼地，将其挖成池塘，想养鱼。但有人告诉他，水田不适合养鱼，只能种庄稼。于是，他又把水塘填平。这件事成为村里的一个笑话，在别人眼里，他是个想发财的傻瓜。

他听说养鸡能赚钱，就向亲戚借了 500 元钱，办起了养鸡场。然而，天不遂人愿，一场洪水之后，鸡瘟肆虐，他的鸡几天之内全部死光。现在我们觉得 500 元钱不算什么，可在那个年代，对于靠着一亩三分地过活的家庭来说，500 元不亚于天文数字。他的母亲承受不住养鸡场失败的打击，竟然抑郁而死。

后来他酿过酒、捕过鱼，还到矿山帮人打炮眼，可惜都没赚到钱。一晃就 35 岁了，他还是孑然一身。即使离异的妇女都看不上他，因为他除了一间快要倒塌的土屋外，什么都没有。

他不认命，还想搏一搏，于是四处借钱买了辆手扶拖拉机。不料，上路没几天，他就开着拖拉机冲进了河里，拖拉机摔成了一堆废铁，他也断了一条腿，成了残疾人。周围人都说他这辈子完了，但是他没有自暴自弃。

多年之后，他成了一家大公司的老总，手握两亿元的资产。媒体记者得知他的传奇经历后，纷纷前来采访他的过去。记者问他："为什么在那么困难的日子里你不放弃、不退缩？"

他将喝完水的杯子拿在手里，然后问记者："如果我松手，杯子掉在地上会怎样？"

记者说："肯定会摔碎。"

"那我们试试看。"说着就松开手，杯子掉到地上，发出清脆的声音，但是完好无损。他说："我问 10 个人，10 个人都说杯子会碎，但是这不是普通的玻璃杯，而是用玻璃钢制作的杯子。"

年轻时的折腾、失败、挫折，这些在当时看来确实令人沮丧、叫人失望。但是多年以后，当你回过头去看这些经历时，你会感激那段艰难困苦的岁月，因为经历是一笔珍贵的财富，可以让一个人成长、成熟，可以指引一个人走向成功。

4. 健康投资

一个人的身体健康是 1，财富、事业、家庭等都只是这个“1”后面的“0”，少一个“0”没关系，但如果没有这个“1”，后面再多的“0”都显得毫无意义。所以，无论工作多忙，无论你觉得自己多么健康，都不要忽视对健康的投资：养成健康的作息习惯，每个星期进行适量的运动，定期去医院体检等，都是在为你的健康投资，这是最基础的投资，因为有了它一切才会变得有意义。

职场忠告：

投资自己要有主线——主要方面，缺什么就补什么，注重软实力上的投资。